目　次

はじめに	3
新学習指導要領の検討にあたって	4
総則	8
各教科	
国語	16
社会	20
算数・数学	24
理科	28
生活	32
音楽	36
図画工作・美術	40
技術	44
家庭	48
保健	52
体育	56
外国語	60
特別の教科 道徳	64
総合的な学習の時間	70
特別活動	76
特別支援学校	80
幼稚園教育	84
資料	88
学習指導要領改訂の方向性	89
幼稚園教育要領、小・中学校学習指導要領の改訂のポイント	90
特別支援学校学習指導要領等の改訂のポイント	93
「特別の教科 道徳」の指導方法・評価等について（報告）【概要】	94
日教組カリキュラム提言	95
日教組学習指導要領検討委員会	103

はじめに

　小・中学校学習指導要領及び幼稚園教育要領が2017年３月に、特別支援学校小学部・中学部学習指導要領及び特別支援学校幼稚部教育要領が同年４月に改訂され告示されました。今改訂は、2006年の教育基本法「改正」、教育関連三法の「改正」を土台として、OECDのPISA調査等の結果をふまえ、グローバル経済の競争に必要な人的資源の育成のためのものと言えます。また、新指導要領には、「資質・能力」や「主体的・対話的で深い学び」、小学校英語の「教科化」や「特別の教科　道徳」、あるいは「カリキュラム・マネジメント」など検討・批判されるべき課題が多くあります。さらに教育内容の規定だけでなく、「教育方法」たる授業形態（指導過程・指導方法・指導形態など）、さらには「学習評価」についても、従来以上にきめ細かく改善の視点など具体的指示がなされ、その結果、記述の分量もこれまでの1.5倍以上になりました。従来、「教育方法」や「学習評価」は教育現場に委ねられており、学校や教職員の創意・工夫によってすすめられてきましたが、今改訂によって教育現場の管理・統制が強まることが危惧されます。

　これまで、私たちは子どもたちの実態に応じ、子どもが主体となるゆたかな学びを保障するため、日々実践を積み重ねてきました。新学習指導要領の公示にあわせて、これまでのとりくみにもとづき、13の提言として、「日教組カリキュラム提言　ゆたかな学びの創造を」をまとめました。

　そして今回、研究者とともに、「カリキュラム提言」を具現化するため、日々の教育実践の一助となるよう本書を作成しました。なお、教科の特性上、「カリキュラム提言」の個々には言及せず、総合的な考え方を示した教科もあります。

　本書が、「カリキュラム提言」とともに多くの教職員のみなさんに活用されることを期待します。

新学習指導要領の検討にあたって

はじめに

　日本における学校教育の目標は、法律によって細かく規定されている。「がんじがらめ」と表現したいほどに、目の前の子どもたちとは無関係に達成すべき目標が掲げられている。

　たとえば、学校教育法には各教科で扱う内容の規定だけではなく、2007年の改正により、自主・自律・協同の精神、規範意識、公正な判断力、生命・自然の尊重、我が国と郷土への愛着といった「態度」を養うことが加えられた（21条）。30条ではさらに「思考力、判断力、表現力その他の能力をはぐくみ、主体的に学習に取り組む態度を養う」とされている。これらが2006年「改正」の教育基本法（2条）を根拠にしていることは言うまでもない。

　新学習指導要領は、このような法規定の上に立って、子どもたちが「できるようになること」をめざした学習を強調している。そこでは、子どもたちのいまの生活実態をどうとらえるのか、また、子どもたちにとっての学びとは何であるのか、なぜ学ぶのか、といったことを問う余裕はない。とにかく「身に付けることができるよう指導する」ことが求められている。また、学校現場においても「できることはよいことだ」との短絡的発想に基づく判断が無自覚的に受け入れられ、「いま」の問題が隠蔽されようとしていないだろうか。

　学習指導要領改訂にむけた中央教育審議会での議論では、さかんに未来社会への準備としての教育が強調されていた。では、子どもたちが生活していくことになる将来はどのように描かれているのか。また、そこでは子どもたちに何が期待されているのか。それを確認したのち、「カリキュラム提言」の観点から学習指導要領をどう検討していくのか、その方向性を示しておきたい。

1　新学習指導要領の社会観

　中教審をはじめここ数年の教育改革論議においては、「社会の急激な変化」にいかに対応していくかが学校教育の課題だとされている。その変化は「予測不可能」とまで言われている。より具体的には、人工知能や想像を超えた情報技術の進展などにより、いまの小学生が仕事に就く頃には、現在の職業の半数（あるいは60％ともいわれる）は存在しなくなっている可能性が高いのだから、そのような厳しい環境に備える必要が今後の教育制度には求められる、という論法である。新学習指導要領が「何ができるようになるか」に着目し、いわば能力主義的方向性を明確化した背景にはこのような社会観がある。OECDは、このような未来社会をVUCA（ブカ）と呼んでいる。すなわち、変動性（Volatility）があり、不確か（Uncertainty）で、複雑性（Complexity）、かつあいまいさ（Ambiguity）のある社会になるというわけである。

2016年12月の中教審答申は、将来どのような職業に就くとしても、外国語で多様な人びととコミュニケーションをはかることやプログラミング的思考が求められるようになるとしている。なぜ、そのように言えるのかは大いに疑問ではあるが、このように職業と教育とを明示的につなげていこうとする発想への批判的検討は必要である。このままでは、子どもたちは職業に就こうとするなら、その必要性が明確に証明されていなくとも、つねに新たな知識・技能の習得へと漠然とした不安を抱きながら追い立てられていくことになる。また、学習は将来の仕事とつなげて考えていくものだという直接・間接のメッセージを浴びることで、役に立つかどうかという観点が重要になっていく。こうして、子どもたちは自分の「いま」に疑問をもたなくなり、学ぶことを功利的な手段ととらえていくだろう。学びへの主体的なかかわりをもてなくなっていくだろう。

もし、それほどまでにこれからの子どもたちが生きていく社会が「大変な社会」になるというのなら、そのようにならないようにするのが、いまのおとなの責任なのではないか。つまり、AI等の技術革新をそのような方向に展開させないようにすればよいだけである。技術は避けられない自然現象ではなく、人がその方向性を決めるものなのだから。

2　新学習指導要領の人間観

いずれにしても、グローバル経済の中で生き残っていくために不可欠な知識・技能等を身に付けなければならないというわけである。しかし、未来は「予測不可能」なはずである。なぜ「準備」ができるのか。この単純な疑問が解決されないまま、今後「どうなるか、わからない」と言われているのだから、「これが必要だ」と言われれば、従うしかない。結局、人びとの不安をあおり、教育改革をすすめていくことになる。当然、授業時数や扱う内容は多くなっていく。

学習指導要領が描き出す人間像は、このように漠然とした不安に駆られてひたすら努力する者、そして国家の経済発展に寄与する人材として教育されるべき者といったことになるだろう。そのための学力像も明示されている。すなわち、基礎的な知識・技能、思考力、判断力、表現力、主体的に学習にとりくむ態度といった学力の三要素のバランス、そして、学びの過程の中で言語活動や体験活動等を重視せよ、と。しかし、この「学力論」もきわめてあいまいなものであり、学術的な検討をふまえているとは思えない。学力概念が科学的な検証を経ていないのだから、学習指導要領の記述自体にも科学的根拠、学問的根拠の不十分さが指摘できる。

また、「未来」への準備という発想によって、現在の課題が隠されてしまう点も忘れてはならない。いまの問題が、しっかりと「準備」することで将来において解決されるかのような言葉により、子どもたちは、予測できない変化に受け身ではなく主体的に向き合い、自らの可能性を発揮せよと迫られている。しかし、教育改革は、実際の子どもたちの生活環境には無関心である。たとえば、学力を向上させ貧困から脱出せよとはよく聞くことであるが、貧困は「いま」の問題

である。

　なお、学習指導要領の中では「学力」という用語は使用されず、「資質・能力」という表現で統一されている。いわゆる知育以外の人格的な部分、人間性と言われるようなものをも含めて指導の対象にしていくことが可能になる。「特別の教科　道徳」の設置は、この点を確保するためであろう。

3　子どもの姿より「計画」優先

　今次の学習指導要領は「できる・できない」に着目し、それゆえに「評価」方法にも強く言及している。しかし、何をもって「できる」と判断するのかはかなり難しいのだが、そのような根本的な議論をしている余裕は学校現場にはない。したがって、教員の側が主導権を握り、学習指導要領に示された達成目標に従った計画を立て、「PDCAサイクル」に基づいて実施していく、といったことになる心配がある。ここでは、子どもの「意見表明権」を保障しながら何が子どもの「最善の利益」となるのかを大切にする子どもの権利条約の趣旨は完全に忘れられてしまう。

　教育実践が最終的な「評価」から逆算的に組み立てられるとすれば、つまり、子どもの見かけ上の変化（行動目標）に着目し、計画的に授業が展開されていくことを前提とすれば、評価基準はわかりやすく単純化できる。「見方・考え方」という表現がすべての教科・領域に入っていることは、統一した計画の下に一律に整然とした教育活動を展開させたいとのねらいを象徴しているのではないか。「PDCAサイクル」は、商品の生産・管理（つまり工場）には適合し得るかもしれないが、「生き物」である教育実践に当てはめることはまったく不可能だということをつねに意識化しておかないと、近年の「評価」「成果」を中核とした教育政策に飲み込まれてしまう。

　ここまでの検討で、新学習指導要領が多様性を否定していくことになるのは明らかだろう。子どもの具体的な姿を受け止められるだけの幅の広さを期待できるだろうか。「主体的・対話的で深い学び」といわれながらも、実際には、学ぶべきものの能率的習得の方法的工夫として「対話」（しているかのような見かけ）が重視されているに過ぎず、知識・技能の習得はむしろこれまで以上に厳しく問われることになっていく。

4　インクルージョンへの無関心

　教育改革がなぜ求められるのか、その説明の際の決まり文句は「グローバル化」である。これは社会の多様性を前提とし、インクルーシブな社会と教育環境を実現させることと重ね合わせてイメージされる現象である。ところが、学習指導要領にはインクルーシブ教育への言及も、それを実現させる合理的配慮への言及もない。インクルージョンの概念は、日本では「障害」をめぐる議論で登場することが多いが、この概念はもっと広く、どんな人にもその権利行使としての教

育へのアクセスを確実に保障していくことをめざすものである。たとえば、貧困のために、あるいは外国籍のために教育の機会を奪われることは、インクルージョンではないと認識される。

日本語指導が必要な子どもたちは多く存在しているが、学習指導要領で展開されるカリキュラム論は、そのことを前提としていない。相変わらず「日本人の育成」がめざされ、グローバル化した世界で不可欠な地球規模での思考とはずいぶん距離のある目標が掲げられている。領土問題などの記述に典型的にあらわれているように、国家の政治的姿勢が前面に出ている。これは、多角的な思考を大切にするとしている学習指導要領の記述と矛盾するものである。

おわりに　―カリキュラム提言をいかした検討を―

新しい学習指導要領はどのような社会を描き、そこでの人々の暮らしをどのようなものとしてとらえているのか。少なくとも、日本国憲法がその前文で掲げる「平和を維持し、専制と隷従、圧迫と偏狭を地上から永遠に除去しよう」という社会ではなく、「ひとしく恐怖と欠乏から免かれ、平和のうちに生存する権利」が保障された生活でもないことは明らかだろう。

では、学習指導要領の記述をどのように検討していけばよいのか。「カリキュラム提言」を活かした各教科・領域による具体的な分析が本書によってなされているので、ここでは、全体としての主な方向性について若干の確認のみ記しておきたい。

先にもふれたが、授業は「生き物」であるとよく言われる。子どもたちの生活を背景としてきわめて具体的なものとして授業は展開していく。子どもも教員も「語る」「表現する」といった行為（対話）を大切にする実践により、子どもたちは自己をみつめ、他者との関係性を構築し、そしていまの社会に対する認識を深めていくだろう。その対話の中から、おそらく経済的格差を拡大させ、国際的緊張を深刻化させる排外主義的社会状況が浮き彫りにされていくことだろう。

学校は社会の縮図であるとも言われる。インクルーシブ教育の実現は、インクルーシブな社会の実現とセットで考えなくてはならない。排除にむかう圧力と闘い、出会いと共生を大切にする教育環境をいかにつくり出すか。そのためには、子どもの声を反映させる学校づくりが求められる。あらためて「子どもの権利条約」に着目したい。

また、子どもたちはいったい何を学ぶのかといった、やや抽象的かもしれないが、そのような問いもつねに立てておく必要があるのではないか。この点が意識されていれば、単純な点数主義に惑わされることはなくなるだろう。各教科・領域において、子どもたちは何を学ぶと書かれているのか、教科等に固有のキータームについて科学的・学問的な根拠をもって定義がなされているのかどうか等、検証していく必要がある。

新学習指導要領　総則

1　改訂のポイント

A　主要ポイント

　今次学習指導要領の最も主要な改訂指針は、(1) 社会に開かれた教育課程、(2) 資質・能力を中心とする教育課程とこれに基づく学習評価法の再編、(3)「主体的・対話的で深い学び」(いわゆるアクティブ・ラーニング) の推進、(4) カリキュラム・マネジメントの確立という4点に集約できる。

(1) 社会に開かれた教育課程とは？

　社会に開かれた教育課程とは、変化する社会状況を広く視野に収めて、よりよい学校教育によるよりよい社会の実現をめざすとともに、そのための社会参画にむけて育成すべき資質・能力を明確化する教育課程を指し、その実施にあたって学校外の人々と連携をはかることを旨とすることを意味する。注目すべきは、社会や世界の変化に対応するという機能主義的・適応主義的な教育観に止まらず、学校教育によってより望ましい社会を構築しようとする社会改良主義的な、その意味で理想主義的な観点が明示されていることである。

(2) 資質・能力を中心とする教育課程とは？

　教育課程を、教員が教えるべき内容項目中心 (コンテンツ・ベース) から子どもたちが身につけるべき「資質・能力」中心 (コンピテンシー・ベース) に転換するという企図は、今次学習指導要領の最大の眼目である。それは、子どもたちが現実の社会生活の様々な場面で出会う問題を、主体的・協働的に解決していけるような力がより重視されることを意味する。複雑かつ変化の激しい社会においては、今ここで有効とされている知識が、今後、他の場面でそうであり続けるかどうかは簡単に見通しがつかなくなるだけに、また、ICT環境の進化により多くの知識が居ながらにして参照できる時代であるだけに、獲得した知識や手に入れた情報をうまく活用して、新たな局面に対応したり、新たなアイデアや価値を創造したりすることができるような資質・能力が求められることが多くなるというわけである。

　なお、こうした汎用性の高い能力は、領域横断的で不定形な能力や意欲・態度など非認知的能力を含む人格総体にまで及ぶものとして表象されることになる。このように考えると、資質・能力を中心とする教育課程は、育てたい子ども・若者像を目標として明示する教育課程と等置されることになる。

　さて、資質・能力を中心とする教育課程への転換に伴いクローズアップされることになるのが学習評価法である。すでに小中学校の指導要録では観点別評価が定着しているが、これが高等学

校にも適用されることになる。ここで確認すべきは、観点別評価とは目標準拠評価でもあるという点である。そもそも、資質・能力を中心とする教育課程とは、育成をめざす資質・能力＝育てたい子ども・若者像を教育目標として明確化することを出発点とし、最終的に、その目標がどの程度達成されたかを評価するという作業を必然的に伴うという意味で、目標準拠評価と切り離せないのである。

（3）「主体的・対話的で深い学び」（いわゆるアクティブ・ラーニング）とは？

　上記のような資質・能力論の導入、あるいは、学力観の転換は、教育方法にも刷新を要請する。すなわち、新たな局面における創造的問題解決に向けて、必要な情報を選択したり、既得の知識を活用したり、あるいは、他者と交渉・協働したりしていけるような資質・能力の獲得を主眼とする教育においては、できるだけ現実・本物に近い文脈において学ぶ側の主体性や能動性がより十全に発揮されるアプローチが求められることになる。

　ところで、アクティブ・ラーニングに関して、今次学習指導要領改訂動向において着目すべきは、文科相による諮問文（2014年11月20日）からの定義変更である。「課題の発見と解決に向けて主体的・協働的に学ぶ学習」と表現されていたアクティブ・ラーニングは、最終答申文（2016年12月21日）及び今次改訂学習指導要領では、標記の通り「主体的・対話的で深い学び」と定義づけられることになった。

　まず、「協働的」が「対話的」に変更された背景には、アクティブ・ラーニングと言えば、判で押したように小集団での話し合い活動が中心になり、しかも、そこに従うべき特定の方法論があるかのような受け止め方をする傾向が、学校現場に少なからず見られたという事情を受け、より多様な関係性を含意できる対話的という言葉を用いることによって、ステレオタイプ化した学習のあり方に見直しを迫る意図があるものと考えられる。

　次に、「深い学び」という要素が付されることになった背景には、子ども中心主義的ないし経験主義的な教育への「活動あって学びなし」とか「這い回る経験主義」といった伝統的な批判が念頭にあると考えられる。すなわち、主体的あるいは能動的な学びが必ずしも質の高い学びに帰結するとは限らないという問題意識に基づいて、質の高い学びを表す標語として「深い学び」が用いられることになったと言えよう。

　さらに特筆すべきは、この「深い学び」実現の鍵として、（特別の教科道徳を除く）各教科・領域で「見方・考え方」なるものが定義・導入されたことである。この見方・考え方という観点は、いくつかの教科ですでに「見方や考え方」という表現で現行版（2008年改訂版）において既出なので、真新しい観点ではないが、こうした全面的導入は学習指導要領改訂史上初のことである。これは、各教科・領域の本質的な意義を、つまり、その教科・領域はいったい何ができるようになるために学んでいるのかという問いに対する答えを明確化し、それをふまえた教育・学習を促すために定式化されたものと言えよう。

　くわえて、今次改訂版では「単元や題材など内容や時間のまとまりを見通し」という表現が頻繁に挿入されている点にも注目しておこう。これは、汎用性の高い資質・能力の育成や、そのた

めの主体的・対話的で深い学びやその評価を、1時限の授業という短いスパンを基準としてすすめていくことはできないという理由からである。

（4）カリキュラム・マネジメントとは？

　カリキュラム・マネジメントとは、学校の教育目標（育てようとする資質・能力＝子ども・若者像）を明確化し、その目標を達成できるようカリキュラムを計画・実施した上で、評価・改善していくという一連のサイクルを意味し、その際、教科横断的な視点を採用すること、子どもの姿やその実態を表す各種データに基づくこと、学校内外の様々な人的・物的リソースを有効活用すること、これらに配慮することが求められる。

　こうしたとりくみが重視される背景には、上述の資質・能力中心の教育課程への転換という文脈がある。すなわち、各学校は、各教科別の知識・技能の習得に止まらず、「育てようとする（汎用性の高い）資質・能力＝子ども・若者像」を教育目標として明らかにし、目標実現への努力が求められることになるので、その目標を学校全体で共有し、特定の教科・領域に限らず全方位的に、さらに全学年を見通したビジョンをもって、カリキュラムの計画・実施・評価・改善をすすめる必要があるというわけである。その意味では、この意味でのカリキュラム・マネジメントは、管理職だけでなく学校現場の教員一人ひとりに要請されている。

B　上記以外に注目すべきポイント

（1）学習評価に関して

　今次改訂学習指導要領では「第3　教育課程の実施と学習評価」、同解説総則編では「教育課程の実施と学習評価」（第3章第3節）として、学習評価が節立ての冠として明記されることになった。内容上注目すべきは以下の2点であろう。第1に、今次の改訂では、各教科等の目標が学校教育法第30条に沿って資質・能力の三つの柱（「知識及び技能」、「思考力，判断力，表現力等」，「学びに向かう力，人間性等」）で再整理されたことから、目標準拠評価における評価の観点が、従来の4観点（関心・意欲・態度、思考・判断・表現、技能、知識・理解）から、「知識・技能」、「思考・判断・表現」、「主体的に学習に取り組む態度」という3観点に再編される見込みである。第2に、資質・能力の三つの柱のうち、「学びに向かう力，人間性等」に関しては、観点別評価や評定になじまず、個人内評価（個人のよい点や可能性、進歩の状況について評価する）を通じて見取るべき部分があるということが指摘されている。

（2）インクルーシブ教育に関して

　中教審による最終答申では明記されていた「インクルーシブ教育」という文言が、学習指導要領にもその解説総則編にも一切登場せず、「インクルーシブ教育」と密接に関連する「合理的配慮」という概念にも全く触れられていない。同答申では、「教育課程全体を通じたインクルーシブ教育システムの構築をめざす特別支援教育」という表記で、その重要性が唱えられていただけ

に、この懸隔には注意をむけざるを得ない。

（3）道徳教育に関して

　道徳が特別の教科として教科化されたことに伴い、今次改訂学習指導要領では、「第1章第6　道徳教育に関する配慮事項」として、また同解説総則編では「道徳教育推進上の配慮事項」（第3章第6節）として、独立した節が設けられ、位置付けが格上げされている。ここで目を引くのは、指導体制における校長による指導力の発揮や、指導内容における規律、規範意識、伝統・文化、愛国心などの重点化を謳うというトーン、道徳教育によっていじめを防止するという論調が目立つ点である。改訂学習指導要領の道徳教育に見られる全面主義・網羅主義・徳目主義という特徴を反映して、「別葉」の作成が示唆されていることも無視できない。

2　主たる改訂ポイントの問題点

A　主たる改訂ポイントについて

（1）「社会に開かれた」というスローガンが持つ問題点

　文科省は、「社会に開かれた教育課程」という理念を非常に理想主義的に語っている。が、ここに問題がある。いったい社会や世界のどのような側面に開かれるべきなのか、また、よりよい社会とはどんな社会を意味するのかという点に、容易な合意はあり得ず、これらは常に対立・葛藤を伴うからである。必然的に対立・葛藤を伴う論点を含んだ理念を、そういうものとして明示しない場合には、そうした対立・葛藤の存在や様々な立場の違いは等閑視され、ソフトであれ危険な全体主義が忍び込むことになりかねない。

（2）資質・能力を中心とする教育課程の限界

　第1に、資質・能力観、つまり、育成しようとする子ども像・若者像は、どのような社会を望ましいと考えるかという社会観と相即不離であるという点があげられる。このことは、教員側の社会認識が深まらないと、その資質・能力論も浅いレベルに止まる危険性があることを意味する。しかも、資質・能力観のベースに一定の社会観があるとすれば、上述のように、そこには必然的に対立・葛藤を伴うことになるので、そうした対立・葛藤の可能性を（特に権力側が）自覚できない場合には、ここでも、全体主義的風潮を呼び込むことになる。

　第2に、流動化の激しい社会における汎用性の高い資質・能力、すなわち、人間性や主体性といった包括的な資質・能力というものは、明確な定義が本来的に困難で曖昧なものであり、実生活あるいは現実の活動場面から切り離された事前の試験によってつかみ切れるようなものではなく、実生活あるいは現実の活動場面における具体的実践を通じて事後的にのみ見出せるものでしかないという点があげられる。

　第3に、資質・能力中心の教育に必然的に伴う目標準拠評価では、定義上、一定の目標（資

11

質・能力の獲得）が達成されたかどうかを見る評価である以上、子ども・若者を到達目標から見ることになるので、彼女たち／彼らを、そうした資質・能力が欠如した存在として否定的に捉える危険性を孕んでいる。

第4に、資質・能力中心の教育で、その学習評価が個人に照準することの問題点に注目する必要がある。個人にとって何らかの資質・能力を欠いているという事態そのものは、仮にその他の人々によってその欠如が補われたり、欠如が困難を生まない環境が構築されたりしていれば問題にならないはずだが、資質・能力の育成という教育的視点が過度に優先されると、そうした欠如がもっぱら個人に帰責される風潮に棹差すことになる。

(3)「主体的・対話的で深い学び」の問題点

第1に、先に参照した通り「協働的」に替えて「対話的」という表現を用いることにしたという変更は、より個人に照準する資質・能力論と親和的であると言えよう。こうした資質・能力観は、主体性の欠如を個人に帰属させるような評価的視線に偏ったり、関係性の中で生じるゆたかな学びを実践の場ですくい取れなかったりするという問題を生じさせかねないであろう。

第2に、「深い学び」は、浅い学びに対する批判的視点を伴う。深い学びには一定のゆとりが必要であることをふまえれば、性急に深さを求めることは、かえって深い学びの実現を損なう危険性がある。

第3に、「深い学び」実現の鍵として導入された「見方・考え方」という視点に現れている限界について確認しておきたい。この視点は、先に見たように「その教科等ならではの物事を捉える視点や考え方」で、「各教科等を学ぶ本質的な意義の中核をなすものであり，教科等の学習と社会をつなぐもの」という趣旨で導入されている。が、こうした文科省が示した「見方・考え方」には、異論を唱えることができる余地は十分存在し、決して、普遍的意義をもつとはいえない水準に止まっているものも少なくない。

第4に、汎用性の高い資質・能力の育成を中心とする教育の転換には、Less is More.（より少なく学んでより多くを学ぶ）という標語で表される理念が重視されてよいが、今次の改訂では全く欠如している。つまり、より深い学びの実現に要する時間の確保にむけた教育内容の削減・精選が全く視野に入れられていないのである。学習指導要領が最低基準だとすれば、その指導項目は（特に高校で）多過ぎると言えよう。

(4) カリキュラム・マネジメントの落とし穴

カリキュラム・マネジメントは、PDCAサイクルの確立や、利用可能な資源の有効活用が強調されるという点でも、ニュー・パブリック・マネジメント（NPM：公共部門・政策に、民間企業の経営管理手法を適用することで、効率化や提供するサービスの質向上をはかろうとする行政管理論）の新自由主義的なベクトルと無関係ではない。そこで、以下では、カリキュラム・マネジメントが抱える限界を指摘しておきたい。

第1に、カリキュラム・マネジメントは、各学校における教育目標を実現するためのあくまで

手段であって目的ではない以上、そこで実現しようとする目標が十分な正当性や妥当性に欠けている場合には、かえって、価値のある教育の実現を阻害する危険性がある。

第2に、学校現場における教育実践は、PDCAサイクルという言葉から連想されるような線形的なものではあり得ない。それは、多層的・多元的な状況への対応なので、むしろ、一定の柔軟性、曖昧さやいいかげんさを必要とし、それらが積極的な意義をもつことも多い。PDCAサイクルという工学的発想とは相容れないように見えるこうしたプロセスを、単に疑わしいものとして斬って捨てるべきではない。

第3に、カリキュラム・マネジメントでは、学校内外の人的・物的資源の有効活用が要請されているが、この論理は、現に学校に配分されている資源を所与として、その配分の限界を批判的に捉える視線を奪うことになりかねない。カリキュラム・マネジメントの論理だけに依拠すると、その責任は、資源を有効活用できていない学校やその教員にあるという「自己責任論」的見方の方が優先される危険性がある。

3 カリキュラム提言をいかすために

（1）「社会に開かれた教育課程」というスローガンについて

まず、現場の同僚と、上述のようなその理念の提示の仕方がもつ危険性に関する認識を広めることであろう。その上で、何をもって社会に開かれた教育課程とするのかという問いについて各学校現場で葛藤・対立を含む議論を重ね、その答えはボトムアップで模索・明確化し更新していくべきであろう。

（2）資質・能力を中心とする教育課程について

第1に、各学校における資質・能力論の設定には、教員側の社会認識を不断に深めていくことが必要になる。同時に、資質・能力観がそれを支える社会観と不可分であるとすれば、そこには多様な立場の違いがあり得るだけに、トップダウン型で設定するのではなく、教員間で十分な議論と合意形成を通して明確化していく必要がある。

第2に、実生活あるいは現実の活動場面における具体的実践を可能な限り意識したテストであっても、現在重視されている類の資質・能力を測定することには大きな限界を有する。筆記ないし情報入力によるテストという形式である限り、実生活あるいは現実の活動場面における具体的実践を通した本物の問題解決能力の育成よりも、出題傾向への対策に重点が置かれてしまうという懸念は払拭できない。この点で、学力テストの結果が各学校における実践で最優先されないように訴えていくべきであろう。

第3に、目の前の子ども・若者たちの実態からカリキュラムを編成することを最優先にするならば、目標準拠評価とともに個人内評価やゴールフリー評価（目標にとらわれない評価）の重要性を打ち出し、後者に重点を置いた学習評価・授業評価・カリキュラム評価のあり方を、教研活動等を通じて具体化していくべきであろう。

第4に、個人の資質・能力を育成するためにも、その前に、また、その基盤的前提として、一人ひとりの子ども・若者が自らの存在が尊重・承認されていると感じられ、安心して楽しく過ごせるインクルーシブな空間を学校に実現するという目標を優先し、この視点を日々の実践においても評価においても一貫させる必要があろう。

(3)「主体的・対話的で深い学び」について

第1に、深い学びの達成を熱心にめざすあまり、子どもに対する評価的視線が先立つということは回避されるべきであろう。これは、学びは浅くてもよいということではない。が、深い学びは、その基礎としての学ぶ意欲や学びの楽しさと切り離せないと考えるべきだろう。また、学びが深いか浅いかという点でも、子どもたちの姿を通して、その声に耳を傾けることによって判断するという構えを忘れないでおくべきだろう。子どもたちは、自らの学びが浅い場合には、その学びに内在的に動機付けられなくなる可能性が非常に高いからである。

第2に、各学校現場は、文科省が深い学びの鍵として示した「見方・考え方」を金科玉条とせず、あくまでその教科・領域における学習の中核的意義を再考するためのヒントとして、対話の相手として参照すべきであろう。

第3に、文科省は、学習内容の削減は行わないと宣言しているが、時間をかけて深く学ぶということが必然的に制約されざるを得ないだけに、教育内容の精選を現場レベルで認められるように運動を展開していくべきであろう。アクティブ・ラーニングの場合、各教員に相応の工夫とその準備時間がより多く必要になることが多いため、教育内容の精選に関する裁量が各学校現場に全く与えられないとすれば、多忙化に拍車をかけることになろう。

(4) カリキュラム・マネジメントについて

第1に、一部教科における学力テストの成績向上を優先的な教育目標とするカリキュラム・マネジメントには、明確な異議申し立てをしていく必要があろう。

第2に、カリキュラム・マネジメントで実現がめざされている学校目標それ自体の問い直しや再評価が、ボトムアップで不断に実行されていくべきであろう。カリキュラム・マネジメントと呼ばれる作業過程そのものを、メタレベルで観察し、検証する作業が必要になる。むしろ、カリキュラム・マネジメントの中心軸となる学校目標には、何よりもインクルーシブな学校空間の構築に資するような指針が据えられるべきであろう。

第3に、学校の教育目標にとらわれずに子どもの学びの姿を振り返るという意味でのゴールフリー評価に基づいて、つまり、子どもたちの実態に基づいて教育課程を見直すということが視野に入れられるべきであろう。

第4に、カリキュラム・マネジメントは、管理職や教務担当者のみが関与するとりくみではなく、学校全体で実施することが要請されるとりくみであるとすれば、最終責任を管理職が負うにしても、トップダウンではなく、ボトムアップ型の民主的な意思決定を尊重したカリキュラム・マネジメントが推奨されるべきであろう。子どもたちを民主的な主体として育成していくために

も、まずはカリキュラム・マネジメントという学校全体で実施すべきとりくみに関して、民主的な職場環境を整備していくことが重要な意味をもつだろう。

B　上記以外に注目すべきポイントについて

（1）学習評価に関して

　観点別評価が、高等学校にも導入される見通しであるが、高等学校の場合には、通信制、定時制をはじめとして、多様な状況を含んでいる。その中で、指導要録における評価の観点がどのように改訂されるのか、ひきつづき注視する必要があろう。また、こうした評価方法の導入が多忙化問題の悪化につながらないように、指導要録改訂動向を注視する必要があるだろう。

（2）インクルーシブ教育に関して

　障害者権利条約の批准を受けて、中教審答申で明確に項目立てされていたインクルーシブ教育に関する記述が、学習指導要領では全く削除されてしまった点に関しては、批判の旗幟を鮮明にして、学習指導要領にも明記されることを求めていく必要があるだろう。

　また、インクルーシブ教育の実現に不可欠な「合理的配慮」の概念も、現在の学習指導要領における「特別な配慮」という曖昧な概念とは別に明示されるように求めていくと同時に、文科省がこの観点を導入しなくても、学校現場における合理的配慮の重要性を訴えていくべきであろう。

（3）道徳教育に関して

　今次の特別の教科化に際して強調されている「考える道徳」、その際に「多角的・多面的に考え、判断する力」、「道徳科の授業では，特定の価値観を生徒に押し付けたり，主体性をもたずに言われるままに行動するよう指導したりすることは，道徳教育の目指す方向の対極にある」という、総則で明記されてはいない諸点こそ重視されるべきである。総則にこれらのポイントが明記されていないことに関しては、道徳教育重視のもう一つの方向性である同化主義的、国家主義的、権威主義的なベクトルの表れとして警戒していくべきであろう。

　さらに、各教科各単元と道徳の内容項目とをリンクさせて一覧にする「別葉」の作成は義務ではないこと、及び、このような「別葉」の実際的有効性が極めて疑わしいという認識も広めていくべきであろう。

国 語　新学習指導要領の ポイント

（1）教科目標の示し方が変わった

小学校国語科の教科目標は、以下のとおりである。（　）内は、中学校。

> 言葉による見方・考え方を働かせ、言語活動を通して、国語で正確に理解し適切に表現する
> 資質・能力を次のとおり育成することを目指す。
> （1）日常（社会）生活に必要な国語について、その特質を理解し適切に使うことができるよ
> 　　うにする。
> （2）日常（社会）生活における人との関わりの中で伝え合う力を高め、思考力や想像力を養う。
> （3）言葉がもつよさ（価値）を認識するとともに、言語感覚を養い（豊かにし）、国語の大
> 　　切さを自覚し（我が国の言語文化に関わり）、国語を尊重してその能力の向上を図る態度
> 　　を養う。

「○○による見方・考え方」とは、「様々な事象を捉える教科等ならではの視点」と「教科等ならではの思考の枠組み」であるとされ、他の教科目の目標に関しても「○○による見方・考え方を働かせ」という書き出しから始まっている。

（2）言葉≒国語≒言語≒日本語？

しかし、なぜ「国語科」という教科目が「国語による見方・考え方」ではなく、「言葉による見方・考え方」なのか。加えて、「言語活動」「言語感覚」と「言葉の活動」「言葉の感覚」とは同義なのか。あるいは「国語の大切さを自覚」と「我が国の言語文化に関わり」とはどのように異なるのか。さらには、「外国語」の目標に「外国語の音声や文字、語彙、表現、文構造、言語の働きなどについて、日本語と外国語との違いに気付き」とあって、「国語」ではなく「日本語」という用語が選択されている。

（3）「表現→理解」か「理解→表現」か

国語科の学習指導要領の目標が、「表現→理解」から「理解→表現」の語順に変わった。1998年と2008年の国語科の目標では、「国語を適切に表現し正確に理解する能力」となっていた。

（4）内容構成が変わった

これまでは「話すこと・聞くこと」「書くこと」「読むこと」の三領域及び「伝統的な言語文化と国語の特質に関する事項」という内容構成だった。これが他の教科と同様に「知識及び技能」

及び「思考力・判断力・表現力等」の構成に変更された。

なお、新しい学習指導要領では学習漢字の増加という変更点があり、これは大きな問題であるが、それぞれの指導事項などに関しては、従来のものとそれほど大きな変更はない。

新学習指導要領の 問題点 ・・・・・・・・・・・・・・・・・・・・・・・・

(1)「国語」という概念のあいまいさ

国語科の目標に登場した「言葉による見方・考え方を働かせ」という文言は、教科目標の冒頭に置かれており、きわめて重要な概念のはずだ。2017年6月に文部科学省から出された「学習指導要領解説」では、この点について、次のような説明をしている。「言葉による見方・考え方を働かせるとは、児童（生徒）が学習の中で、対象と言葉、言葉と言葉との関係を、言葉の意味、働き、使い方等に着目して捉えたり問い直したりして、言葉への自覚を高めることであると考えられる。様々な事象の内容を自然科学や社会科学等の視点から理解することを直接の学習目的としない国語科においては、言葉を通じた理解や表現及びそこで用いられる言葉そのものを学習対象としている。このため、『言葉による見方・考え方』を働かせることが、国語科において育成を目指す資質・能力をよりよく身に付けることにつながることとなる」。

ここでの「言葉」という単語は、そのまま「言語」に置き換えてもいいだろう。しかし、「言葉」と「日本語」あるいは「国語」とは同義ではない。おそらく「言葉」あるいは「言語」は、「国語」の上位概念として使用している場合が多いのではないか。とするなら、国語科の目標は、「国語による見方・考え方」とするのが適切だと考えられる。あるいは、同じ「学習指導要領」の「外国語」で「外国語によるコミュニケーションにおける見方・考え方を働かせ」となっていることを参照すれば、「日本語による見方・考え方」とした方がいいかもしれない。

どの用語を使うにしても、「言葉・言語・母語・母国語・国語・日本語」などの概念の内包とその歴史的形成過程を明確にすることが必要である。ちなみに、「学習指導要領解説」に、こうした用語の使い方の差異に触れた記述はない。

(2) 表現と理解の関係

1998年からⅡ期続いてきた「表現→理解」の語順は、「理解→表現」になった。1998年の目標に関しては、当時の「学習指導要領解説」に次のように記してある。「『適切に表現する能力』と『正確に理解する能力』とは、交互に表裏一体的な関係として、連続的かつ同時的に機能するものであり、今回の改訂では、自分の考えを自分の言葉で積極的に表現する能力や態度を重視して、『表現する能力』の育成を最初に位置づけた」。

一方、2017年6月の「学習指導要領解説」では、「正確に理解する資質・能力と、適切に表現する資質・能力とは、連続的かつ同時的に機能するものであるが、表現する内容となる自分の考

えなどを形成するためには国語で表現された様々な事物、経験、思い、考え等を理解することが必要であることから、今回の改訂では、『正確に理解』、『適切に表現』という順に示している」となっている。

1998年の国語科の目標を「表現→理解」としたのは、おそらくPISAの「読解力」などの影響で、主体的な言語行動をするためには目的的な言語表現を意図して言語理解活動をすることが重要だという背景がその背後にあったように思われる。つまり、問題解決をめざした調べるための読み、あるいは発表するための読書活動などに重点を置くという立場である。これは情報化時代の発信型言語学習を想起させ、時代に応じた積極的な提言として受け止めることもできる。こうした状況は現在でも変化していないはずだ。また当時の「解説」には「自分の考えを自分の言葉で積極的に表現する能力や態度を重視」という民主的な個を形成する立場を鮮明にしていることも注目に値する。

にもかかわらず、なぜ「理解→表現」という語順に戻したのか。少なくとも今次の「学習指導要領解説」を見ても、それを変更した理由が明確に語られているとはいえないだろう。

（3）内容構成の枠組みの変更

従来の学習指導要領の国語科の枠組みは、読み書き聞き話すという言語活動とそれを支える言語事項とによって構成されていた。日教組教研集会でも、日本語教育の内容構成を「言語活動の教育」と「言語の教育」としている。というのもことばの教育にとって、こうした内容構成の枠組みは、近代教育の歴史の中で普遍的に認証されてきたものであるからだ。実際、国語科の学習指導の現場では、常に「言語活動」と「言語」への両方への配慮が必要なことから、こうした内容構成の枠組みがこれまで支持されてきた。

しかし、今次の改訂では、これまでの教科教育の蓄積を無視し、「知識及び技能」と「思考力・判断力・表現力等」という教科を超えた大きな準拠枠に適合させようと、かなりの無理がなされた。とりわけ国語科では「知識及び技能」の分類の中に、「読書活動」が組み入れられてしまったのである。これは学習指導要領全体の大きな理論的枠組みの形式的な整合性に無理やりつきあわされた結果であり、きわめて不自然である。これまでの各教科の歴史的な経緯、とりわけ国語科におけることばの教育の固有性と独自性に基づいた内容構成の論理を大きく損なうものだと言わざるを得ない。

カリキュラム提言をいかすために

（1）子どもの「今ある姿」からゆたかな学びの創造をすすめていく（提言２）

ことばの教育は、自分の使用している母語をよりよいものに磨き上げていくことが何よりも大事である。そのために自らの話しことばを書きとめ、それを仲間と交流し合うことによって、共

通の価値観とそれぞれの個性を認め合う土壌をつくり出していくことが求められる。これまでにもそうした実践は広く各地で支持されてきた。当然のことだが、教室の中には様々な子どもがいるし、それぞれの学校にも固有の言語環境が存在する。そうした多様性と多層性をもった各地域のことばの豊かさを確認しつつ、ことばによるより確かな意見や論理の交流の道を作りあげていく必要がある。

もちろん「学習指導要領」も本来はそうした道筋を保障するために存在するのであって、そこに記された指導事項を子どもたちに上から押しつけるために作られたものではない。ことばの教育のカリキュラムは、今を生きている子どもたちの言語交流と言語文化を拡充するためのよりどころになるべきなのだ。それは決して絶対化し動かすことのできない規範として取り扱うべきものではなく、子どもの姿を「鏡」として教職員たちが可変的に創造していくものだろう。

（2）多文化共生をすすめることばの教育を（提言10）

「ゆたかな学びの創造を」の「提言10」は、外国語教育に関する記述になっている。すなわち、過度の時間の負担を強いるような外国語活動・外国語科の時数増への批判、外国語教育は英語だけに特化してはいけない、資格取得よりも多様な子どもの実情に配慮すること、である。どれも納得できる提言である。

実際のところ、教室には様々な言語を使用している子どもがいる。外国語以外の言語を使用している子どももいるし、同じ日本語でも地域によって、また集団によって様々なバリエーションがある。手話言語を使っている子どももいるし、もっぱら点字を使って文章理解を行っている子どももいる。私たちの社会は、単一の話しことばや文字言語によってのみ動いているのではなく、多様な言語と文化とが交錯し交流し合って成立している。ことばの教育は、そうした現状に関心をよせ、互いの言語や文化のもつ共通性と固有性とを比較し相対化する場なのだ。さらにいえば、そこから多文化と共生していく技術と方法とを学ぶことができるだろう。

（3）みんなでカリキュラムの創造に参加しよう（提言7）

以上のような文脈でいうなら、真の「カリキュラム・マネジメント」とは次のように定義することができるのではないか。すなわち、「カリキュラム・マネジメント」とは、これまでの諸文化の科学的な研究成果をふまえつつ、今を生きる子どもたちの姿を見据えて、私たち自身が未来につながる教育の中身と方法とをつくり出していくことである、と。あれこれと詰め込みすぎた教育内容を効率的にやりくりするために時間の設定や人員の配置などの物理的な条件を整えることだけが「カリキュラム・マネジメント」ではないはずだ。子どもたちの成長を願って、仲間とともに教育内容と方法とを自主的に再編していくことが求められているのである。

社 会　新学習指導要領の ポイント

（1）「資質・能力」の育成が強調される

　小・中の社会科全体目標に、「公民としての資質・能力の基礎の育成」が示され、今までにない「資質・能力」論が登場、各学年の目標で具体化された。この「資質・能力」の内容は、①「知識・技能」、②「思考力・判断力・表現力等」、③「学びに向かう力、人間性等」であり、これらは「総則」に示された学力像でもあり、各教科の学年目標、内容、方法まで一貫することになった。また各学年の「2. 内容」では、学習項目ごとに「身につけるべき」〈①知識・技能〉の内容、〈②思考力・判断力・表現力等〉が細部まで示された。そして〈③学びに向かう力、人間性〉は、それぞれ学習場面での工夫によって展開される構造となっている。以上の点から、従来の目標観である「公民的資質の基礎」を、どのように具体的に育成すべきかが明示され、授業展開の内容と方法が理解しやすくなった。

（2）具体的な学習方法が明示される

　小・中共通して、学習指導要領の各「2. 内容」の〈②思考力・判断力、表現力〉の育成のための学習過程を示している。例えば、現行の小6「○○を調べ、△△したことがわかる」が、今次は「文化遺産などに着目して、△△を捉え、歴史を学ぶ意味を考え、表現すること」としている。中学校ではより鮮明に示され、「○○などに着目して、多面的・多角的に△△を考察し、表現すること」としている。つまり、このことは○○が身につける基礎的な知識や技能と見なされ、その知識や技能を活用して「多面的・多角的」（中学）に◇◇（学習課題－地域の諸課題や時代の変化・特色、現代的課題など）の考察を求める流れである。このように知識・理解の偏重・独立した学習観から、それらを活用するものとして捉え、より抽象度・総合性の高い学習課題を「多面的・多角的」に探究させることとした。

（3）グローバル化・高度情報化社会への対応

　今日のグローバル化や高度情報化社会での必要な「資質・能力」が、随所で触れられている。歴史学習の部分で、小学校6年生でも政治学習が歴史学習の前に位置づけられ、現代の日本と世界のつながり、中学の歴史の配当時間も5時間増加し、世界史が比較的独立して扱われ、宗教の観点からイスラムなどが盛り込まれた。情報化については、小5の内容（4）で「大量の情報や情報通信技術の活用」「情報を生かして発展する産業」などが加えられ、公民分野では「現代の特色」を、「少子高齢化、情報化、グローバル化」と位置づけ、「人工知能の急速な進化などによる産業や社会の構造的な変化などと関連付けた」（解説）学習が求められた。

（4）特別な支援を要する子どもたちへの配慮

　総則に示された特別に支援する子どもたちの視点が、各教科に盛り込まれた。「障害がある生徒などについては、学習活動を行う場合に生じる困難さに応じた指導内容や指導方法の工夫を計画的、組織的に行うこと」（中・指導計画の作成と内容の取扱い）が示され、学校の実情に応じた計画的・組織的な工夫、対応が求められている。

（5）領土問題での政府見解の強調

　政府見解を強調、理解させる指摘が随所になされた。顕著な例は領土問題である。小学校5年「国土の領域」で示され、中学地理「世界と日本の地域構成」ではより具体的に竹島と北方領土は固有の領土、それに実効支配の尖閣諸島と問題を区分して扱うようにしている。また歴史的分野の「富国強兵と殖産興業」で領土編入に歴史的に触れることになっている。この上に公民的分野での「国家の主権」に関する項目でまとめられている。

新学習指導要領の 問題点・・・・・・・・・・・・・・・・

（1）「なぜ勉強するの」の意味を巡って

　今次の改訂は、いわば「子どもたちが、一体どのような力を身に付けるか」という学習者中心の観点と言われるが、本当に学習者中心のものであろうか。「どのような力を身に付けるか」以前に、子どもたちは「なぜ社会科を学ぶの?」「なぜ古い歴史を勉強するの?」という根底的な問いをもつ場合も少なくない。それは個々の子どもたちの置かれた状況にかかわり、「学習の意味」や切実性の問題にかかわる。つまり子どもにとっての社会的な課題は何か、という点が突き詰められたものとなっているかである。

（2）多面的・多角的思考と政府見解との矛盾でいいのか

　「多面的・多角的」な思考を述べながら、領土問題、戦争学習、資源・エネルギー学習など政府見解の一方的な指導を求める傾向がある。少なくとも他国の意見を考え、地域住民の立場から考える発想は弱い。今次の改訂はこうした矛盾をもっている。小学校歴史でも42の人物が歴史学習に継続されるが、人物の固定は多様な歴史認識を否定することになろう。国家の建設や発展、日本の伝統文化に貢献した人物が多く、歴史の多様な認識を阻害してしまう。例えば雨森芳洲などの思想と人生から、今日の日韓問題を考えることも大事であろう。

（3）公民的な資質　トップダウンの発想それでいいのか

　公民的資質論は、国民国家としての国民形成と連動している。しかし現在の広く教室の現実は、多様な生活課題を抱えた子どもたち、15%前後の貧困状況の子どもの存在が言われている。こうした子どもたちの視点から考えた場合、公民的な資質・能力の「学び」だけでよいのであろうか。公民的資質の内実も、トップダウンではなく、一人ひとりの子どもにとっての意味ある社会性、豊かな目標観との接合が不可欠なのではないであろうか。

（4）多様な学びが保障されるのか

　言語化と思考力・判断力・表現力は、私たちが生きていくうえで重要な資質・能力に違いない。しかしそれだけでいいのだろうか。私たちの感性の豊かさ、思考の多様性、直観力、得意な領域と苦手な内容など、個性に応じた学びの特性があるはずである。学びの特性や身体表現が得意、芸術的感性に優れる、言語化は得意でないがじっくり思考する、それこそ多様性である。学習集団も、こうした多様性の上に構築されるものではないか。

カリキュラム*提言*をいかすために

　グローバル化した現代社会は、一面では多くの不確実性や危険を伴う「リスク社会」とみなすこともできる。「リスク社会」の視点は、2011年の東日本大震災を契機として私たちに迫り、予想もできない、あるいは予想の無視に起因する問題発生回避の学びを求める。様々な風土病や耐性ウィルスの拡散、鳥インフルエンザ、食の安全、核兵器保有の拡散、原子力発電所事故と汚染、さらに地域紛争の拡大と大量難民の発生、経済格差の極端な偏在化などである。こうした多様な危険の可能性を軽視した未来選択の学習はあり得ない。

（1）現代社会の特質に即した切実性ある問題解決学習へ

　リスク社会論は、未来予測の学習である。社会問題などの解決を考える際、子どもたちが考えられる諸条件の下で議論を深め、未来（未知領域）を予測し対応を考える具体的・実践的な学習が求められる。未来予測は不確実性を伴い、そのために科学に学びながらも私たちが民主的手順で合意形成していくものである。例えば歴史学習で考えると、1932年、日本の歴史の分岐点であった国際連盟総会での松岡洋右の演説や判断を考えることができる。「リットン報告書」などをもとに日本の選択の可能性と妥当性、リスクを教室で話し合うことができる。今日の国際情勢を考えた際、日本の選択の基礎を過去から学ぶこともできる。

（2）どの子どもも自己表明できる安心な学級・学校をめざして－主権者教育にむけて

　特別に支援が必要な子どもたちへの指導内容と方法の工夫が求められている。その際に重要なのは、様々な生活課題を抱える子どもたちにとって、学ぶことの意味や学び方を考えていくことであろう。学級には、発言に自信がもてない、友だちとのかかわりがもてない、自己肯定感が乏しいなど、そうした子どもたちが「自己表明」できる環境が求められる（「子どもの権利条約」第12条）。どの子どもも自信をもって学習活動に参加できる学級が必要であろう。例えば福島から転校した子どもが福島の現状や夢を語り合える、経済的な困難さに苦しんでいる子どもを認め合える学級である。いわばインクルーシブ教育の視点である。なお、そこで得た自信や主体性が、学校の諸活動にも拡大され、18歳の主権者としての基盤になっていく。この点を欠落させた主権者教育であってはならないと考える。

（3）政治的リテラシーを育む「他者」（多文化）の視点－ハンナ・アレントの対話の重要性

　単純な論理に魅了されやすいポピュリズムの政治は、残念ながら多くの人々を引き付ける現状にある。社会的弱者を傷付け、マイノリティの人権を抑圧する傾向にある。私たちは、社会事象に対して間違った考えや偏見、偏狭な思い込みがあっても、自分一人ではそれは見えにくく、いくら複数の人と話し合っても、自分と同じ傾向の人たちとでは偏見、偏狭な思い込みは発見できにくい。『全体主義の起源』（ナチズム分析）の著者、ハンナ・アレントは、異なる意見や「他者」の視点から見ることだけが唯一偏見や偏狭な思い込みを発見できるとしている。今日の学級でも、子どもたちの活動は、常に「他者」の視点を考えて構成されていく必要があろう。「主体的・対話的」学びも、同質集団での話し合い環境を脱却する、「他者」の視点を盛り込む工夫がもっとも大事である。

アレントは、「他者」との議論できる自由な空間を公共的空間とみなしていた。そして政治的リテラシーの育成には、政治的論争問題を自由に議論できる学級や学校という空間が不可欠なのである。

(4) 情報リテラシーの重要性

　情報リテラシーは多様な情報を的確に取捨選択したり、自ら発信したりする能力といえる。現代の情報化のもとで、最も必要なリテラシーといえる。例えば、2016年12月に成立した「部落差別の解消の推進に関する法律」は、インターネットなどの悪意ある情報氾濫による新たな差別の実態を深刻に受け止めたものである。マスメディアなどの情報でも、例えば福島の放射能問題や周辺国との軍事対立など情報が氾濫することがある。その際に、私たちが考えるのは、次のことがある。安全か危険かなどの判断には、専門家による判断、社会的な判断、政治的な判断の3相があるといわれる。専門家は、科学的研究をふまえて極めて「限定的」な判断しか可能でないが、研究範囲を超えた判断を示す場合が少なくない。政治的な判断は、政治状況や様々な利害や影響を考えて判断する場面である。マスメディアの情報を鵜呑みにすることなく、学年進行を考え「正しい選択・判断」に近づくことが重要である。

(5) 「当事者意識」への接近を通した社会の認識

　社会科は、いわば人との出会いや共感を尊重する教科といえる。その際に、私たちの思考は、A.「自己の価値観や信条、経験、感性などで考える」思考と、B.「自己の外側の誰しも共有できる客観的で、合理的」思考がある。多くの社会科の学習は、Bの思考ですすめられる場合が多いのではないか。しかし、私たちが求めているのは、AとBの思考を往還しながら、子どもたち一人ひとりが、社会問題・出来事に対峙し、自らの感性と知恵で判断する力ではないか。とくにAの思考は、社会問題・出来事にかかわる当事者への価値的・心情的な接近によって高められるし、小学校3年生から育てるべき社会科の本質的な学力と考えられる。ときに小学校3年生の感性的な追究には驚かされる。やがてその力が高学年や中学校での学習に活かされる。固有のこの段階にはぐくまれる社会科学力の中心といえる。そして中学校でも「当事者性」に配慮した授業がより求められる。それが「学びに向かう力、人間性等」の育成にもつながるであろう。

(6) 東アジアの安定と原発ゼロの社会をめざして－平和意識と安全をはぐくむ教材づくり

　韓国・北朝鮮・中国との関係は、かつてない程の相互不信と緊張状態にある。私たちは、軍事力・防衛力によるパワー・バランス、核抑止力という考え方には疑問をもつ。東アジア諸国・諸地域に対する伝統的な一種の「優越意識」を脱却し、対等な対話場面をつくり上げる努力が重要であろう。東アジアが紛争状態に陥った場合、その混乱を想定できるのか。また周辺脅威論は、歯止めがなくなり、若者たちを危機に追いやる可能性も含んでいる。そのためには憲法学習を重視すると共に、シリアやイラクなどの現実世界の学習、近現代の歴史から、改めて現在にいかす事実の発見、反対に犯してはいけない出来事や判断を学ぶ学習が必要である。また3.11による福島第一原子力発電所事故の記憶が薄らいでいる。産業の発展や効率化、消費生活拡大の意識を問い直し、私たちのライフスタイルも含めた、地球環境の保全と安心が求められる。そうした教材開発が必要であろう。

算数・数学　新学習指導要領の ポイント

（1）小学校での領域区分の変更

小学校での６年間一貫した領域として区分されていたが、上・下学年で分け、上学年では中学校での区分に一致させている。

2008	A	B	C	D
中学校	数と式	図形	関数	資料の活用
小学校	数と計算	量と測定	図形	数量関係

→

2017		A	B	C	D
中学校		数と式	図形	関数	データの活用
小学校	上学年（4-6年）	数と計算	図形	変化と関係	データの活用
小学校	下学年（1-3年）	数と計算	図形	測定	データの活用

（2）「算数的活動」が中学校と同じ「数学的活動」に

「小・中・高等学校を通して、数学的活動を行い、数学的活動を通して育成すべき資質・能力は同じ方向にある」とした。また、問題発見・解決の過程において、これまでは数学世界と現実世界との関連を示す程度であったが、事象からの数学化を図示することで問題解決サイクルを強調している。

（3）目標の構造の変化

「知識及び技能」、「思考力、判断力、表現力等」、「学びに向かう力、人間性等」の三つの柱で整理した。また、「数学的活動」が教育の手段から、目標として位置づけられている。

（4）学年配当はあまり変化がないが、統計的内容が充実されている

多くの内容を教えないとならないことには変わりない。重要なところに時間と力点を掛けられるように教材の系統を検討し、重要性の軽重を見極める必要がある。

（5）コンピュータ等を活用した学習活動の充実とプログラミング的思考の育成

負担増となることは自明である。総合的・科目横断的な扱いが求められる。またロボット・コンピュータという異分子の排斥・対抗ではなく、新しい仲間の理解と協働の視点が必要。

（6）日常生活等から問題を見いだす活動を充実することによってさらに学習の質が向上

「これまでの教育実践の蓄積に基づく授業改善の活性化」と評価しつつも学習指導要領での規定の字数が増大し、方法について具体化・詳細化している。教員の自主的・主体的な工夫が授業づくりになおさら求められる。

新学習指導要領の **問題点**・・・・・・・・・・・・・・・・・・・・・・・

（1）領域の変更によって量の指導が徹底しにくくなる

　小学校では、長さ・かさ・重さなどの外延量の他、上学年では面積・体積などの乗法にとって誘導される単位や、速さ・密度などの除法によって誘導される単位によってはかられる量を扱う。しかし、こういった普遍単位の理解は、直接比較・間接比較・個別（任意）単位・普遍単位といった段階を追ったきめの細かい指導によってはじめて得られるものである。特に子どもは（たて）×（よこ）の公式の暗記を面積の理解と勘違いしやすい。加法性・保存性も重要な概念である。実物を用いた実験など、経験に基づいた活動が求められる。

　また、小6だった速度を小5からとして他の内包量とまとめたのはよい。しかし、ピアジェの発生的認識論にあるように、≪原初的概念→比較の公平さ→除法によって導入されるところの量の単位→比例的関係の比例定数≫が自然な概念把握である。この領域の分類によって、逆の提示が為されてしまう危険がある。

（2）学年配当の変化はあまりない。従前の教えにくさが残っている

① 　時計の読みが小1、時間と時刻（時間・分間）が小2であるが、秒（秒間）が小3と分かれている。このため、例えば、コマが回っている時間を比べるなどの授業で扱いやすい活動を小2の段階で選びにくい。

② 　分数が小2から導入されており、扱いが細分化されている。「単元」としてのまとまりに欠ける。「等分する」を「倍」の対概念として提示するのであれば、関数の概念を明示的に扱うべきであるが、$f(x)$ などの関数の記号化は中学校までの範囲には見られない。

　　ただ、分数の乗法について、5・6年の分断を改めて6年にまとめたことは評価できる。この統合によって、単なる累加ではなく現実世界での量に関連させた導入がしやすくなった。

③ 　いわゆる「スパイラル」のねらいによって「簡単な」という言葉を横行させている。本来なら十進法による数の表し方を学んでから10が学ばれるべきである。同じように100までではなく99とすべきだが、逆に「およそ120程度まで」としている。

　　こうした学年配当は原理原則を示す標準的な配当（B）と、余力がある場合に出てくる発展的な疑問に答えること（A）、習熟が不十分な子どもも取りこめるような魅力のあるゲーム（C）などの柔軟な対応が教室で求められるものである。一律であったり、あるいはいっしょくたの規定では教室状況の改善には役立たない。

④ 　小数でも、小数第1位までが小3、小数第2位以降が小4と分断されている。1桁だけではなく、次の桁以降にも及んではじめて十進法の桁が左に進めば10倍、右に進めば10分の1になるという原則がわかるはずなのに。

　　ただメートル法の単位の仕組みが小6から小4へ移行した。メートル法は量の測定にとって小数の概念と親和性が高い。これを活かす工夫がやりやすくなった。

⑤ 　立体の扱いについて、小学校での系統性が明快ではない。また、中学校での扱いに重複が見られる。韓国、イギリス、フィンランドなどでは高さ付き平面図などの工夫がされている。立体を平面で表現する方法について、系統を整理し、教育課程を整理する必要がある。

⑥ 　素数の学年配当が小5から中1となった。素因数分解が中3から中1となり関連させて扱えるようになった。しかし昔に戻っただけである。孤立した扱いになりやすく工夫が必要となる。

⑦ 「そろばんや電卓、コンピュータ…（中略）…を適切に活用し」と中学校の「第3 指導計画の作成と内容の取扱い」にある。この文脈で「そろばん」があっても当惑させられるだけである。

（3）統計的内容が増え、学年配当が下がった
① 四分位範囲や箱ひげ図（高校→中2）
② 累積度数（中1に追加）
③ 平均値、中央値、最頻値、階級（中1→小6）
④ 複数の帯グラフ（小5に追加）、複数系列のグラフ（小4に追加）

　社会的事象を報道や公開されたデータから読み解くことは、数学を活用する社会人として必要な素養ではある。そうした読み解く魅力のある教材を用意したい。箱ひげ図などは、データを視覚化する手法のひとつだ。しかし、パソコンで容易に標準偏差が求められる時代に、パンチカードで統計処理をしていた概念だけで子どもに活動させる印象を免れ得ない。なお、3.6524×10^2のような表現は、中1から中3となった。

カリキュラム*提言*をいかすために

（1）授業を「儀式」にしないために
　「主体的・対話的で深い学び」は心地よい言葉である。しかし、子どもは考えた振り、教え合っている振りという演技ができてしまう。うっかりすると教員の自己満足な「教えたつもり」に付きあわせるという事態になりかねない。子どもの学びの過程を大切にしたい。

　民間教育団体や教育研究活動では、子どもが本心から熱中するゲームやパズル、不思議に思う手品などの蓄積を、長年の実践と研究のなかで培ってきた。「先生が頑張っていた」のではなく、「私たちが頑張った」と子どもたちが思う。それこそが本来の主体的な授業だ。

（2）ノートはきれいになったけど
　ノート指導として、板書と関連をもったきれいなノートづくりが推奨されている。確かに教えるべきことがきちんと整理されて残る。そしてノートを見た保護者も安心する。でもそれで良いのだろうか。算数・数学は考えるための科目なのに。雑誌にこんなことが書いてあった。「子どもは考えながら書くことが不得意です。きれいなノートを書くために黒板を何も考えないで写す。その結果、このごろ子どもが考えなくなっているのではないか」と。そんな疑問や気付きを共有できる仲間・環境をつくっていきたい。

（3）違いのあるところから学べる
　全国教研で、特別支援学級での実践リポートにこのような話があった。7＋8を考えている子どもが隣の子どもに、「ゆびが足りなくなったからゆびを貸して」と言っていた。

　それを聞いた授業者が、「じゃあ自分の足も使ったら？」とヒントを出した。7を左足の指5本と左手の指を2本であらわし、8を右足の指5本と右手の指3本であらわした。足の指10本全部と2と3で5だから15と納得した。5のまとまりを使った上手な数え方だと思う。知的障害の学級のことは、普通学級と違うところととらえられてしまうとしたら、こうした普通学級でも大いにヒントになる知的ステップを見過ごしてしまう。

教室にいろいろな子がいて、いろいろな見方ができる。やり方だけを知っていた子が、あぁなるほど、そんな意味があるのかと感心するような場面が生まれる教材研究。視野を広げて実践の引き出しを多くしたい。

（4）一次元的な尺度では見落としやすい価値

日本は20世紀の後半に驚異的な経済発展を遂げた。子どものことをかまっている余裕の無い時代から、子どもを経済活動のターゲットとして意識する時代となった。しかしそうやって構われることは、子どもの幸福と言えるだろうか。

試験の点数だけが価値と思われる風潮から、例題の解法を覚える労苦を勉強と勘違いしてしまう「ごまかし勉強」が生じたという指摘もなされている。特に算数・数学の学習は、そうした落とし穴にはまりやすい。

このような評価の問題は、PDCAサイクルの厳格化による文書主義や管理主義にも現われている。一次元的な尺度（つまり全国学力学習調査の点数を上げる）だけにとらわれた実践への束縛にも。「愛するということは、その人を理解することです」という言葉を遺した映画評論家がいた。個性を尊重する。評価される人の良いところが見えるアングルを探す。こうした発想は、子どもに対しても授業実践に対しても忘れてはならない。

（5）研究と実践の蓄積

学習指導要領に、「これまでの学校教育の蓄積を生かし、学習の質を一層高める授業改善の取組を活性化していくことが必要」と指摘されている。それはある意味正しい。ただ、そうした「蓄積」は一面的な狭いものではない。少々ずっこけた、不思議だけど人間的な魅力を持った先生は、架空の小説の中だけの存在ではないはずだ。

どうして人類は小数を考えるようになったのか。数学史をさかのぼったり、そのような事情がわかる物語を作った実践。ああ、そういったことだったのかと、見せてもらって納得する教具。郷土の歴史的建物に見つけた数学。教員の仕事は、子どもに一歩先んじてその教材の面白さを知り、それを子どもと授業で共有しようとすることだと思う。

さまざまな窓をひらくことで、教員としての魅力をより一層深めて欲しい。これこそが、教研活動を担う者の願いだ。実践に役立つ沢山の情報を得る。そしてできれば、ちょっとした工夫や手応えを仲間に提供する。教研活動の本質はGIVE＆TAKEにあると思う。

（6）ティータイムで子どもと授業実践について語り合える余裕を

難しいことは本当に必要になるまで教えない。この「難しいこと」の中にいろいろなものが含まれるという含蓄に、それから十数年経って気が付いた。難しいと分からせたいと時間を掛けようとする。でも、結局やっぱり分からないので後でまた教えなおすことになる。掛けるべきところに時間を掛け、楽しい授業を子どもへもたらせたい。1年間の計画が必要。こうした考え方は、民間教育団体のサークルで、ある先輩の教員から教わった。

夏休みに民間教育団体の大会に出向いてみたり、地域のサークルに顔を出してみたりする。そうした目に見える決意以外にも、職場のティータイムで、子どものこと、教室のこと、面白かった授業のこと、「何だかさっきの教室、盛り上がってましたね」と、気付いたことを話題にしてみよう。そんなことが好きだから、この仕事を選んだのだもの。職員室の風通しがよくなるはず。そして、そんな語らいができる余裕のある職場でありたい。

理　科　新学習指導要領の ポイント

（1）学習内容の変更

　小学校第3学年「光と音の性質」に「物から音が出たり伝わったりするとき、物は震えていること」を扱うことが新設された。同様に、第4学年に「雨水の行方と地面の様子」が新設等の変更はあるが、全体的には大きな変更は見られない。

（2）理科における見方・考え方の導入

　小・中ともに、目標において、これまで「科学的な見方や考え方を養う」とあったものが、すべての教科について「見方・考え方」が導入されたため、「自然の事物・現象を科学的に探求するために必要な資質・能力を育成することを目指す」というように変更がなされ、さらに具体的に「基本的な技能を身につける」「科学的に探求する力を養う」「科学的に探求しようとする態度を養う」という3本の柱が明示された。

（3）身につけるべき能力の明確化

　理科の学習を通じて、身につけるべき資質・能力（3本の柱）を明確化するねらいによって、小学校の指導要領においても、学年ごとの目標に「基本的な技能を身につけるようにする」「問題を見いだす力を養う」「問題解決しようとする態度を養う」という項目が加わった。

（4）単元ごとの到達目標の設置

　たとえば中学1年「身近な物理現象」においては、「身近な物理現象について、問題を見いだし見通しをもって観察、実験などを行い、光の反射や屈折、凸レンズの働き、音の性質、力の働きの規則性や関係性を見いだして表現すること」というように、小・中ともに、各単元において、単元を通じての子どもの到達目標が文章で示された。

（5）表現力への言及

　これまで到達目標として「見いだすこと」とされていたものが、「見いだし理解すること」となっているものが多い。また、（4）で例にあげた文章のように、「表現すること」についての言及もなされるようになった。

（6）障害のある子どもへの言及

　「指導計画の作成と内容の取扱い」に、障害のある子どもへの指導内容や指導方法への工夫についての必要性が一文、付け加わった。

新学習指導要領の 問題点

（1）目標に関して

　新学習指導要領においては、理科の目標として、小学校では「自然に親しむこと」と「自然の事物・現象についての問題を科学的に解決するために必要な資質・能力を育成する」ことをめざすとしている。また中学校では「自然の事物・現象を科学的に探求するために必要な資質・能力を育成する」ことをめざすとのみある。

　新学習指導要領においては、資質・能力の獲得という点が強調されるようになったということに、あらたな問題点があるが、まず現行の学習指導要領においても、新学習指導要領においても、「何のために」資質・能力の獲得が必要とされるかについては、全く記載がなされていない。そういう意味では、本当の目標が不在なままであると言ってもいい。または、個々の学習者は「自分がどう生きるか、どんな社会をめざすかなどといった"余分"なこと」は考えずに、現代社会の「誰か」が設置する目標にあわせて、資質・能力を育成するのに励むべし……と読むこともできる。

（2）資質・能力の獲得への傾斜

　上記にあるように、新学習指導要領においては、理科で習得するべき資質・能力について、くどいほどの言及がなされるようになっている。これに付随した形の、学習評価が要求されるようになることが予想でき、これは多くの子どもを、より「理科嫌い」「自然離れ」にむける危険性がある。また、授業の形骸化、教員の多忙化に拍車をかけることも懸念される。

（3）学習者不在

　指導要領には学習者である子どもの認識や状況に応じての学習課題の設定という姿勢が見られず、教育する側の論理においてのみ、カリキュラムが編成されている。

（4）科学技術の両面性の扱いの不十分さ

　たとえば中学校の「科学技術と人間」においては「科学技術が人間の生活を豊かで便利にしていることを認識していること」とあるが、科学技術によって引き起こされる問題（軍事開発、遺伝子汚染、原発等々）があることに、ここでは全く触れられていない。また、この後に続く、「自然環境の保全と科学技術の利用のあり方について、科学的に考察して判断すること」という内容においても、科学技術の引き起こす影響については科学的な判断だけでなく、人文学的あるいは社会的な判断も必要であることが抜けている。

（5）形骸化の促進

　統一した文章の作成にこだわったあまり、理解しがたい文章が散在している。たとえば小学校第4学年の「人の体のつくりと運動、動物の活動や植物の成長と環境とのかかわり、雨水の行方と地面の様子、気象現象、月や星について追求する中で、生物を愛護する態度や主体的に問題解決しようとする態度を養う」とあるのもそのひとつである。また、第4学年の「人やほかの動物について追求する中で、既習の内容や生活経験をもとに、人やほかの動物の骨や筋肉のつくりと働きについて、根拠のある予想や仮説を発想し、表現すること」とあるように、ごくあっさりと、かなり周到な教材研究が必要とされる授業内容からしか得られないような学習成果を要求しているように読める記述もある。これらの文章内容が「拘束力」をもつとした場合、教育の形骸化がすすむであろうと考える。

（6）学習指導要領も仮説である

　科学的思考力を育成するために……とされる理科の学習指導要領も、「科学的」に言えばそのような目標達成が可能だと思われる仮説のひとつにすぎない。であるならば、対立仮説の設定を可能とし、比較・検討の余地が最初から設定されているべきはずのものであるが、そのような制度設計にはなっていないと思われる。

カリキュラム 提言 をいかすために

（1）本来理科教育がめざすもの

　全国教研では、「理科とはどんな科目であるのか」「理科は何を学ぶものなのか」という根本的なことから議論をすすめてきた。

① 理科は総合学習である。科学＝理科ではない。科学＜理科という関係がある。

② 科学は万能ではなく、二面性がある。科学の利便性と豊かさばかりが強調されてはならない。

③ 自然は親しむものというだけでなく、自然は恐ろしいものでもある。

④ 他の教科と関連づけながら、「生活の知恵」「その土地の環境とくらし」「伝えられてきた技術の工夫と精妙さ」などを学びつつ、これからの社会がどうあるべきかを地球規模で考えていくことが必要。

⑤ よく、一言で基礎・基本というが、「基本」と「基礎」をきちんと認識し、区別する。「基本」とは、過去のあやまちの反省に基づいた、将来に対する学びの方向付けと姿勢（目的）のこと。「基礎」とは、この基本を達成するための知識や技能のこと。

（2）全国教研の討議の柱

　上記の内容をふまえ、全国教研では、ここ何年も、次の3つの柱をたて、報告された実践を検

討し、私たちがめざすべき理科教育を探ってきた。

① 私たちは今、地域でどう生きるか

② 地球市民としての意識をどう培うか

③ ソフトパス・循環型の社会へ

（3）私たちのめざす理科

　先にも書いたように科学＝理科ではないと考える。理科教育は、いかに系統立てて、科学法則をわかりやすく教え込むかというものではない。もちろん、科学法則が無用だというわけでもない。(1) の⑤に書いたように、基本を実現していくために、基礎は必要とされる。しかし、めざすものは、個々、一人ひとりが幸せに暮らせる社会を実現するための学びという目標設定である。このような点から考えると、地域や時代によって、具体的な課題設定は異なってくる。王道の理科教育というものは存在しないだろう。先の見えない時代、必要とされるのは模索する力だ。

　現行の指導要領体制の中では、「いつでも、だれでもできる」カリキュラムや週案の設定のみが推奨されていく。しかし、本来、理科教育は、教員や子どもたちの手によって自主編成されたカリキュラムこそふさわしい教科と言える。そして、それを可能とする、ゆるやかな場や時間の保障こそ、教育行政が力をふるうべき課題であろう。「私は"虫嫌い"だったんですが、だからこそ"虫好き"の子どもたちにつきあうなかで、思いもかけぬ授業ができました」。

　「"これって、理科っていえるだろうか？"と思うような実践報告だなと思っていたら、研究協力者が"理科の目的は、そこで暮らす人たちを幸せにする社会をつくることだから、何でも理科になります"と言うので、目からウロコが落ちた」

　「学校の虫探しの実践の中から、自分から知りたいと思えることに出会うと、子どもは　こんなにも力をだせるということに気がついた」

　「自分自身がまず学ぶ。そして自分が学んだことは子どもたちとも共有するようにしようとしています」

　「科学実験を子どもたちは喜ぶけれど、なぜその実験を行うのか。はたまた、その実験は人体に有害ではないのか。そのような視点は必要ではないのか」

　「3・11後の理科教育が、それ以前と、全く同じものであるはずがない」

　こうした発言や、問いが、全国教研の中で語られた。すでにこのような発言や問いを生み出す実践が、全国で行なわれている。まだまだたくさんの、「そこでしか生まれ得なかった」貴重な実践があるに違いないし、これからも生まれ得るに違いない。

　繰り返しになるが、理科教育にひとつの完成されたモデルはない。ここに示した内容をもとに、さらなる検討を続けていきたいと考える。

生　活　新学習指導要領の ポイント

「何ができるか」を求める生活科

（1）生活科の歴史・教科書

　生活科は「低学年の心身発達状況に即し、新教科として生活科を設定し、体験的な学習を通して総合的な指導が適当である」（『教育課程の基準の改善（答申）』教育課程審議会1987年12月）として、低学年の学習活動全般での総合学習化と教科との合科的指導で誕生した。

　その生活科は1998年度の改訂で大幅に変化した。「画一的な教育活動や単に活動」を厳選し、1・2年生の2年間で12項目から8項目に削減し、各学校で、地域や子どもの実態に応じ、弾力的な指導や特色ある指導計画が期待された。そして2008年改訂は、「安全教育の充実と小1プロブレムなどの問題を解決する」が挙げられ、安全教育や生命に関する学習活動充実が求められた。教科書も1992年は子どもの言葉で、子どもの視点で登場人物が体験し成長する展開だった。体験的な学習で教科書の体裁も、色を塗ったり、子どもが書き込む工夫があった。2002年の教科書は2年間の「上巻」「下巻」となり、指導が緩やかなものになった。しかしその分、子どもが教科書に書き込むなどはなくなった。2015年版は、学校適応や「スタートカリキュラム」が示された。

（2）2017年、教科書はどうなった！

　生活科は学習指導要領の大幅な変更のため予想さえつかないほど変化した。今次の学習指導要領の基本的な考え方（2017年・幼稚園教育要領、小・中学校学習指導要領等の改訂のポイント）は以下の通りである。

　① 教育基本法、学校教育法などを踏まえ、子どもたちが未来社会を切り拓くための資質・能力を一層確実に育成。

　② 知識及び技能の習得と思考力、判断力、表現力等の育成のバランスを重視する現行学習指導要領の枠組みや教育内容を維持し、確かな学力を育成。

　「我が国の教育実践の蓄積に基づく授業改善の活性化で、子どもたちの知識の理解の質の向上を図り、これからの時代に求められる資質・能力を育むことが重要。これまでの教育実践の蓄積を若手教員にも引き継ぎつつ、授業を工夫・改善する必要（要約）」とした。こうして三つの柱（①知識及び技能、②思考力・判断力・表現力等、③学びに向かう力・人間性）での記述となり、今次の改訂はすべて「何ができるようになるか」を明確化したのである。このことで生活科は大きく変化した（具体的なことは②の項参照）。生活科はそれぞれ次のようになった。

　①の「知識及び技能」は「・・身に付けるようにする」

　②の「思考力、判断力、表現力」は「・・表現することができるようにする」

③の「学びに向かう力、人間性」は「・・生活を豊かにしたりしようとする態度を養う」と、今次の改訂は学習して指導するだけではなく「行動レベル」を子どもと教員に求めた。その根拠は「資質・能力」を育むためである。

新学習指導要領の 問題点 ・・・・・・・・・・・・・・・・・・・・・・

教科領域全体の記述への危惧と子ども・教員への影響

（1）新学習指導要領と生活科

すべての混乱は今次の学習指導要領の改訂にある。

今次の学習指導要領改訂で授業時数は1年生102時間、2年生105時間で前回と変化はない。しかし生活科の新設前では1年生の社会、理科はあわせて136時間、2年生140時間でそれぞれ24時間と35時間の減少である。今次の改訂では生活の内容は前回と同じように見える。しかし記述は前回のものより本文が2倍の分量になった。

ここにいったいどんなからくりがあるのだろうか。文科省は「改訂のポイント」でこう述べている。「我が国の教育実践の蓄積に基づく授業改善の活性化で、子どもたちの知識の理解の質の向上を図り、これからの時代に求められる資質・能力を育むことが重要、授業を工夫・改善する必要（要約）」。

学習指導要領で生活科まで学習内容の指導を大きく逸脱し、その学習を「行動レベル」まで引き上げて、学習成果を教員や子どもに求めた。国家が子どもや教員にこのように要求することは正しいのだろうか。またこの考え方は今次の改訂の中では整合性のないことがあるということを明確にしたい。「行動レベルで指導」は学ぶべき問題を解決するために、行動を促していることが前提である。しかし、文科省は「総合、生活科学習」は問題発見学習と位置付けている。すべての学習は「問題解決」できるものだけでなく、その解決のためには10年、20年かかる生涯学習の学びの課題になることもあり得るのである。

何ができるかは壮大な社会のかかえる問題でもある。そう考えると「何もかも行動指標」を求めるこの学習指導要領は、思い付きで荒唐無稽、しかも軽薄でもある。ましてや、その根拠である、「資質・能力」という文科省の考え方は国民周知のこと、教員が納得していることでは決してなく、実に多くの疑問が残る。そもそも資質や能力という言葉は存在するが、「資質・能力」という文科省造語は全く理解ができない。それはかつて1998年の「学習指導要領」で、文部省（現：文科省）が「基礎的・基本的」という造語を用いた手法と同じである。

この「何ができるかの明確化」は教育活動を矮小化し、教員と子どもには深刻な状況をもたらす。考えや思想は熟成期間を要する問題である。「学習を即行動に移行する」はいかにも軽すぎるのであり、これを教員に全ての教育活動の指導要領として押し付けることは間違っている。しかも何の社会的共通認識のない「資質・能力」で教員を縛り付けることは無理がある。このこと

33

は特に生活科には重要な論点である。

　また、今次の改訂において「体験や経験を通して学ぶこと」が生活科の中心であるならば、それを指導する「教員の仕事」を文科省はどう考えているのだろうか。はたして教員の仕事が正常であろうか。「多忙化の問題」はいまだ解決されないのである。日本の教員の過剰労働は日本だけでなく国際機関であるILOも認知のことである。この問題については、その管轄する文科省も対策を講じているが、これが１年以内、いや今年度中にも解決できないようであればまさに文科省の「資質・能力」にかかわることであるとの深い自覚と反省が必要であろう。

カリキュラム*提言*をいかすために

教科領域では何を大切にして実践するか

（1）生活科と総合学習

　生活科と「総合的な学習の時間」は相互に関連し、子どもの思いやつぶやきを生かし、子どもを中心に据え、主体的に学ぶものである。そのため内容の取り扱いは、「国語、音楽、図画工作などをはじめとした他教科との合科的・関連的な指導を一層推進する」となっている。日教組の教研活動もこのことを意識し「生活・総合」の分科会を設置し全国の教育実践の交流をしてきた。

　この分科会は「生活科から総合的な学習の時間への連続性」の中で小・中・高校を含め教育課程全体が見通せるように同じ分科会で協議をし、教育課程の自主編成を試みてきた。全教科を担任の小学校と、教科担任制の中学校、さらには総合学習が複雑な高校の教育課程の中で学校間の交流を大切にして「総合的な学習の時間」の連続性を共有してきた。こうした中で私たちは、互いにもっている問題点や課題をも明らかにしてきた。当初この分科会は校外に子どもたちを連れ出す不安や安全対策など、学習を推し進めるための学習条件、環境整備に関する議論も多かった。しかし現在ではほぼ教育の中身を中心に真摯な討議がなされ、まさにこの分科会は進化しつつある。総合学習や生活科は、これまでの教員中心の授業を改め、子ども中心の授業、ひいては子どもが主人公となる学校生活の構築をめざす日本の「静かな授業革命」である。つまり生活科から総合的な学習の時間、教科と領域であるが、両方を貫いている基本理念や方向性は同じである。創設の経緯、目標、学習題材、学習の方法、評価等、生活科と総合的な学習の時間は、同じ理念、同じ方向性をもっている。

（2）生活科と社会科

　ではなぜ低学年で社会科がなくなったのか、それには教科「社会科」と深くかかわっていることを改めて確認しておきたい。

生活科新設当時の朝日新聞（1989年2月19日朝刊）には、高校社会科の学習指導要領案づくりの協力者会議のメンバーであった大学教授が、教育課程審議会の方針で、突然社会科が消えるということになり、それについて文部省にその理念の説明を求めたがかなわず、協力者を辞任したことについての記事が掲載されている。

文部省は戦後の新教科社会科解体を目論んでいたのではないだろうか。現行の社会科（2017年改訂）の教科目標は、「国際社会に生きる平和で民主的な国家・社会の形成者として必要な公民的資質の基礎を養う」となっている。戦後の民主主義教育のシンボルとして生まれた社会科は、発足直後から「解体論」がくすぶり、1989年改訂で高校から消え、小学校低学年では生活科に吸収された。戦後、文部事務官となった、「社会科の初志を貫く会」の重松鷹康は、1947年、社会科の初めての学習指導要領づくりにかかわり思いをこう語った。

「中国から復員して真っ先に考えたのは、二度とだまされない日本人を育てるにはどうすればよいのか、ということだった。その思いを、学習指導要領に込めた。国民ひとりひとりが自分で考える力を持つことこそ、社会科の狙いだった」（前掲朝日新聞）。

高校、小学校低学年の社会科解体、「再編成」は、同審議会の答申によるものであり、高校の社会科を地歴科と公民科に分けた。文部省は「解体」と呼ばれるのを嫌がり、「再編成」という。

（3）生活科はなぜおもしろいのか。新しい学びの創造としての「生活科」

生活科の設立当初、私たちが「血で塗られた生活科」と揶揄したのは（2）で述べた通りであった。しかし、生活科はおもしろい、黒板を背にした教員中心の、伝統的な授業ではない、新しい学びの創造としての「生活科」があった。その立役者は中野重人であった。文部官僚、教育学者の中野は1979年文部省教科調査官となる。1989年の学習指導要領の改訂に従事し、小学校低学年に生活科が新設されるに伴い、初代の生活科担当の教科調査官となった。中野重人は生活科をこう例えた。「生活科は子どもの側に立つ授業、一人ひとりの子どもとつくり上げる授業で、『ムチを振り振り教えるスズメの学校』ではなく『誰が生徒か先生か分からないメダカの学校』型の授業」と言い切った。谷川彰英は、「『生活科』の思想的背景は、ルソー、ペスタロッチ、デューイなど、いわゆる新教育運動の系譜に属する教育思想家に辿り着くことができる」とし、「日本における大正自由教育や、戦後間もなく展開された経験主義の教育実践に由来する」と述べた。つまり生活科は戦後日本の教育史に残る重要な岐路であり、それは小学校低学年における教科の在り方のみならず、広く学校教育全体にかかわる問題にまで考察できるようになった。

こうした生活科が今、大きく揺り動かされようとしている。本来私たちが考えたような子ども中心主義が大きく崩れ、国家の意向がますます強くなる懸念がある。これらを乗り越えるのはおもしろい教育実践である。教育方法があって授業があるのではない。目の前の子どもとともにつくる授業が新たな地平を築き上げるのである。

音　楽　新学習指導要領の **ポイント**

（1）かかわりや捉え方が強調された目標

　教科目標は小学校中学校とも、現行の内容に、育成すべき資質・能力として「生活や社会の中の音や音楽と豊かにかかわる」が加わり、育成のために「音楽的な見方・考え方」を働かせることが必要であると示している。各学年の目標とともに、資質・能力の３つの柱①「知識・技能」②「思考力・判断力・表現力等」③「学びに向かう力・人間性等」に結びつけられ、小学校・中学校でほぼ同様の内容３項目で構成された。

　①では習得したい知識として「曲想と音楽の構造のかかわり」が挙げられ、「表したい音楽表現を実現するための技能」を身に付けるよう示された。表現や鑑賞を「理解させること」「身につけさせること」という目標の中で捉える方向が表されている。②では「音楽表現を工夫すること」と「音楽を味わって聴くこと」を通して、多様な能力を育成することを目標に据えている。その方法として、聴き取ったことと感じ取ったこととのかかわりについて考え、それを可視化する言語活動を重視している。③は音楽活動の楽しさの体験が、子どもたちの感性や情操に深くかかわるとし、音楽的感受性を身に付けることを目標として示している。また、各学年の目標に示されている音楽活動や学習について「協働して」という文言が新たに用いられている。

（2）各学年の内容における指導事項の具体化

　現行の「指導する」という文言の前に「身に付けることができるように」が加わり、技能的内容が細分化され、より具体的な内容が提示された。小学校の共通事項及び共通教材、鑑賞教材は現行から変更されていないが、共通教材を含む歌唱教材と鑑賞教材が、新設の「内容の取扱い」に移され提示された。中学校の鑑賞では、現行の指導内容が「理解すること」のカテゴリーにまとめられ、味わって聴く際に「自分なりに考える」要素を新たに具体的に提示している。音楽活動を通して感受したことを言語化するなどして分析し、それがどのようなこととかかわっているのか、さらに考え理解するよう指導することが強調されている。

（3）主な新設事項と変更点

　上記（1）（2）に挙げたもののほか、「指導計画の作成と内容の取扱い」において、主に下記３点の加筆、削除、新設事項の提示がなされた。

　①冒頭の教科目標にも新出しているが、児童の主体的・対話的で深い学びの実現をはかる際に大切にしたいこととして「他者と協働」という文言が示された。

　②現行の内容についての配慮として記されていた「学校や児童の実態等に応じて、合唱や合奏、重唱や重奏などの表現形態を選んで学習できるようにすること」（小学校）と、「生徒がより個性を生かした音楽活動を展開できるようにするため、表現方法や表現形態を選択できるようにするなど、学校や生徒の実態に応じ、効果的な指導ができるよう工夫すること」（中学校）が削除された。

　③小中学校共通で、「生活や社会の中の音や音楽、音楽文化と主体的にかかわって行くことが

できるように配慮すること」「著作者の創造性を尊重する意識をもつこと」「伝統音楽の指導方法の具体的な工夫」が新たに設けられた。また、さらに小学校では「合奏で扱う楽器の特性を生かして選択」「見通しを持って音楽活動ができるよう指導を工夫すること」、中学校では「歌唱及び器楽において、主体的に創意工夫できるよう指導を工夫すること」が新たに示され、伝統音楽の指導において、「適宜、口唱歌を用いること」が付け加えられた。

新学習指導要領の 問題点・・・・・・・・・・・・・・・・・・・・・・・・

（1）評価することを前提とした指導内容の指示

　「音楽」は全科目のなかでも定義することが最も難しいがゆえに、「今ある子ども」を最も柔軟に無条件に受け止め、かつ創造的にその育ちに寄りそうことが可能な存在である。しかし今回、資質・能力の3つの柱をふまえた指導内容が、歌唱、器楽、創作、鑑賞の各領域で「理解させるべき知識」や「身に付けさせるべき技能」として具体的に示され、子どもたちを「いずれおとなになる存在」としてしか見ない偏った方向となってしまった。いかに評価するかに重きを置いた授業が展開されると、子どもたちと音楽、そしてそれらをとりまくすべての環境が一体となってこそ生まれる芸術がなおざりにされ、音楽的要素が小手先で扱われ組み立てられるだけの、芸術からはほど遠い「評価されるための音楽活動」になることが懸念される。ダイナミックかつ繊細な音楽空間が実現されることが「学校ならでは」の醍醐味であるはずだが、こうした方向では子どもたちの瑞々しい感性の育ちを阻むことになりかねない。

（2）言語活動が位置付けられた音楽のうちに生じる困難さ

　現行では総則のみに示されていた内容の一部が、「指導計画の作成と内容の取扱い」においても示され、強調されている。なかでも「障害のある児童の指導内容・方法の工夫」の指示は、音楽を通して学習活動を行う場合に困難さが生じることを前提としており、インクルーシブ教育の場を構築することを意識しながらも、困難さを抱く子どもが現れない環境づくりではなく、個別に支援するイメージで構成されていることに違和感を覚える。

　また、小学校では「音や音楽及び言葉によるコミュニケーションを図り、音楽科の特質に応じた言語活動を位置付ける」と、言語を用いることが改めて示されている。言葉によるコミュニケーションをはかり言語活動を位置付けることは、他の科目では逃れることのできない限定された意味の世界から解放し得る音楽という貴重な空間においてすら、その解放の機会を奪い、子どもそれぞれに異なる形で潜在する感受の形を狭い世界に限定することとなる。感性の萌芽を摘み取ることになりはしないだろうか。

（3）プログラミング教育からの影響

　プログラミング体験によるプログラミング的思考の育成が盛り込まれ、「内容の取扱いと指導上の配慮事項」に「コンピューターや教育機器を効果的に活用できるよう指導を工夫する」と改めて示されている。すでに多くの学校でICTを活用した授業実践が行われており、音楽創作ソフ

トの活用なども見受けられる。一見、従来と変わらないような印象を受けるが、IT産業の需要が高まり、従事者の育成が国の大いなる課題とされているなか、プログラミング教育は音楽の時間にも進出してくる可能性が高い。理解させたい事項として明記されている「音楽を形づくっている要素」は、プログラミング教育の格好の素材になり得るものであり、生の音や、音楽作品全体を受け止めたり、奏でたりしてこそ得られる感性の教育からさらに遠ざかり、パーツを組み立て、すでに完成予想された音楽にむかって、音楽的要素を組み合わせる作業に邁進することが危惧される。プログラミング的思考の育成は環境構成や動機付け、モチベーションの維持が教員の役割とされるが、一方、子どもたちが静寂のなかにあるささやかな音に気付いたり、豊かな倍音に耳が開かれ、聴こえてくる音や音楽に心開かれる環境をつくることもこれまで以上に重要な使命となるであろう。

カリキュラム *提言* をいかすために

(1) 子どもの育ちの道すじと生の挙動を受けとめよう （提言２）

　音楽教育に向き合うとき、子ども観と音楽観の捉え直しを避けて通ることはできない。これまで、学校で行われてきた音楽は音楽といえるのか？いま目の前にいる子どもたちの姿を本当に見ているのか？と丁寧に問い直すことなしに、いかに音楽と子どもの世界に分け入るかを考えることは意味をなさない。

　今回、アクティブ・ラーニングという文言の代わりに「児童の主体的・対話的で深い学び」という表現が示された。子どもたちと音楽の関わりにおいて、「深い」とはどういうことを指すのだろうか。「幼児期の終わりまでに育ってほしい姿との関連を考慮すること」が明記され、幼稚園教育要領の改訂と連動した幼小連携の課題がみられる。胎児期から培われる聴覚器官をもとに、鋭敏な感覚で音を受けとめ、その一つひとつが結ばれ、広がって表われ出る音楽と出会う道すじこそがすでに「深い学び」でもある。表出と表現の連携をいかに大切にしていくかが、教育に携わる者の務めであろう。「できる・できない」「わかる・わからない」という視点からスタートするのではなく、子どもたちから表出される声や音、それらが織りなす音楽から、子どもたちの生の挙動をその都度受けとめる位置にまずは立ちたい。その時を新しく生きている子どもたちが、本当に必要とするサウンドや音楽を探し求める姿勢を保ち続けたい。

(2)「考えを巡らす対象としての音楽」から「遊びを核とした音楽」へ （提言２）

　感受した世界を言葉にすることで音楽をより豊かに感じ、言葉によって共有できるものも確かに存在する。しかし、言語活動の位置付けがより明確にされることで、音楽の聴き方・表し方が、言葉のもつ意味のフレームに押し込められ、さらにそれらが評価を支える中心的要素になるならば、それは単に「考えを巡らす対象としての音楽」でしかなくなる。指導上の配慮として散見される「工夫する」も、そういった点で気になる文言である。聴かせる音や音楽を成り立たせる良い方法や手段、組み合わせを見出し、知恵を絞り、策を講じる「工夫」によって、「聴こえてくる音」や「表出して立ち上る音」へのかかわりが遮られかねない。

　子どもたちが無条件にその存在を肯定されるためには、意味から解放された音楽が必要であ

る。とりわけ子どもが幼い間は、サウンドやリズムが、子どもの「遊び」の生きた素材となっていることが求められる。「遊びの目的は行為そのものの中にある」というホイジンガによる「遊び」の定義は、「〜ができるようになる」という到達目標にまみれた「学校の音楽」に問いを投げかける。知識の習得だけでは健やかな育ちが保障されない子どもたちにとって、欠かすことのできないもののひとつが、音楽的行為そのものであることを思い起こさせてくれる。幼小連携においても、評価されることに晒され追い詰められがちな高学年層においても、「遊びを核とした音楽」がもたらす時空間の存在は大きいといえる。

（3）伝統音楽を介した伝承による参加型の活動へ　（提言5、6）

先述のとおり「内容の取扱いと指導上の配慮」に移動して記された「我が国の伝統的な歌唱や和楽器の指導に当たっては、言葉と音楽との関係、姿勢や身体の使い方についても配慮する」の一文に、中学校では「適宜、口唱歌を用いること」が付け加えられた。口唱歌は日本の雅楽伝承で楽器の旋律やリズムを言葉で唱えることである。これまでの「歌唱・器楽・創作・鑑賞」を柱として構成し、五線譜を中心に思考力や判断力をも養うべく展開されてきた授業とは全く異なるアプローチともいえる。口唱歌を用い、伝統音楽において重視される「伝承と身体性」が、学校の音楽の教育に日常的に存在していくことで新たにもたらされるものに着目したい。その上で、伝統音楽を「我が国や郷土」という表記のもとに矮小化せず、「お互いを理解しあうこと」に結びつく内発的動機づけによる活動としたい。

例えば第一次学習指導要領から脈々と受け継がれてきた「鑑賞」は、身体性を抜きにすると、「奏でる側」と「受け取る側」の一方向の関係となりがちである。そこへ言語活動が加わることで、それは知的理解を目標に据えながら、「指導する・される関係」を強めてゆく。一方、身体性の高い「伝承」はありのままを表現する存在と表現されていく世界に対し、子どもはそれぞれに培われている感覚を頼りにかかわり、自由なルートで受け取り反応する。これは乳幼児期から繰り返し経験してきた「模倣」でもある。こうして互いに作用し合う応答的関係が生じ、楽譜には表しきれない間合いなど、独特のニュアンスがフィードバックされ、生きた文化や音楽として伝承される。伝承のスタイルを教育現場に取り入れるための課題は少なくないが、地域連携や多文化共生のフィールドが拡大される契機となり、多忙化する教員の働く環境にも影響を及ぼすことが考えられる。また、一方通行の教育体制のうちに意欲を失いがちな子どもたちに、参加する楽しみをもたらし、自ら学ぼうとする姿勢を養うことも期待できる。

（4）「学校ならではの音楽」の展開を　（提言7）

共通事項に示された「音楽を形づくっている要素」は、保健体育のダンスや外国語にも大いに含まれていると思われる。とりわけ上述の「伝承と身体性」という接点が豊かであり、科目間連携を見出す糸口となり得る。音楽の時間をこれ以上減らすことがないよう、学校における音楽の価値を表すエビデンスの提示が課題とされているが、学校での音楽にしか実現できないことがある一方、他の領域との連携によってこそ可能になることを見極め、吟味することが重要な視点となるであろう。西洋音楽や美術作品が中心の純粋芸術にとらわれることなく、誰しもが確かに参画し、その空間を創り出すかけがえのない存在となってゆく、アートとしての音楽教育をめざしたい。

図画工作・美術　新学習指導要領の ポイント

(1) 長い「前文」がついた。

「前文」で、学習指導要領とは「基準を大綱的に定めるもの」であり、現場で「長年にわたり積み重ねられてきた教育実践や学術研究の蓄積を生かしながら、児童（生徒）や地域の現状や課題を捉え、家庭や地域社会と協力して」実践していくことが重要であると述べている。

(2)「造形的」という言葉が頻出する。

図画工作、美術とも共通して、「造形的な見方・考え方」や「造形的な視点」など「造形的」という言葉が頻出する。

(3) 目標が、資質・能力を「育成することを目指す」となった。

目標では、「基礎的な能力を培い、豊かな情操を養う」が「資質・能力を…育成することを目指す」となり、「…を指導する」だったものが「…を身に付けることができるように指導する」となるなど、軒並み高度な要求となっている。

(4)「指導計画の作成」では、「主体的・対話的で深い学びの実現を図るようにすること」が加わった。

□　小学校

(1) 表現の内容では「造形遊びを通して」から「表現の活動を通して」となり、これまでの「造形遊び」一辺倒から「表現」の幅が広がった。

(2)「鑑賞」において、低学年から「自分の見方や感じ方」を身に付け、学年が上がるごとにそれを「広げ」、「深める」ように、となっている。

□　中学校

(1) 鑑賞の対象が「日本及び諸外国の文化遺産など」から、「身の回りにある自然物や人工物」や「日本及び諸外国の文化遺産など」と、広がった。

(2) 第1学年では「一年間ですべての内容が学習できるように」となっている。

(3)「障害のある生徒」についての記述が初めて出てきた。

(4) 美術館・博物館との「連携」をはかることを促したり、校外で生徒作品の展示の機会を設けるよう勧めている。

新学習指導要領の 問題点 ……………………………

(1) 図画工作・美術教育をとりまく現状に、依然として多くの問題がある。

「前文」に「児童（生徒）や地域の現状や課題を捉え」とあるにもかかわらず、現状の改善にはむかわず、かえって現場に過剰な負担を強いる内容になっている。

授業時間数は削減されたままであり、中学校の現場では美術の教員そのものが激減し、専門外の教員が授業を行っている場合が多くなっている。

こういう教育現場の状況を認識しているとは考えられない改訂である。

（2）授業時間数は変わらないのに、記述の文字量が増えた。

図画工作では1.64倍、美術では1.66倍に文字量が増えている。これまで「具体的に説明されてはこなかった」ことを明らかにしたとなっているが、精選されてもおらず、より具体的でわかりやすくなったのかは疑問である。

（3）「資質・能力を育成」、「できるように指導する」の目標は、「大綱的基準」を逸脱している。

これは今次改訂の大きな問題点である。この目標では、現場の実情や子どもたちの実態から離れ、教員を委縮させ、授業が窮屈になることが心配される。評価とも直結していて看過できない。

（4）「造形的な見方・考え方」とはなんだろう？

中教審答申では「感性や想像力を働かせ、対象や事象を、造形的な視点で捉え、自分としての意味や価値をつくりだすこと」としている。しかし、これでは説明になっていない。頻出する「造形的な視点」は、あいまいなままになっている。

（5）「主体的・対話的で深い学びの実現を図る」ことについて。

目標が高度になった上に、「主体的・対話的で深い学びの実現を図る」ことが明示されたことで、楽しい授業やゆたかな学びから、子どもたちをますます遠ざけることにならないか危惧する。

（6）小学校の「造形遊び」はどうなる？

これまでの指導要領では、「造形遊び」が強調され、小学校の授業では「造形遊び」一辺倒のような感があった。これが改善されるのであろうか？教員の指導性の高い「造形遊び」から、本来の「遊び」の持つ教育的な意味を生かした「造形遊び」が行われるようになるのだろうか。

（7）鑑賞で、日本の伝統文化に重点をおくことから、対象が少し広がった。

前回までの改訂で「日本の伝統文化」の重視が見られ、それを受けた実践が多く行われるようになってきたが、今次は批判をかわすためか、「身の回りにある自然物や人工物」などを付加するなど対象を広げている。

カリキュラム *提言* をいかすために

（1）子どもの現実から、授業を考えよう。（提言２、６、７）

　目の前にいる子どもたちや保護者の現状や願いを把握して、現実の課題から授業づくりをスタートしよう。そして、どうしたら子どもも教員も、いま以上に授業が楽しくなるかを考えよう。

　題材や教材のきっかけは、目の前に、日々の子どもたちとの交流の中にある。学習指導要領や教科書からスタートすることがないようにしたい。教科書は、参考作品が載っているものと受け止め、アイデアが出ないで困った時の参考書にしよう。

（2）美術は「教え込む」教科ではなく、「引き出す」教科にしよう。（提言１）

　おとなは、子どもに「教え込む」ことが教育と考えている。教えないとわからない、できないと考えている。でも、目の前の子どもを見るとそうでもないことがわかる。教えるのは、人類の歴史や叡智の結晶である道具の使い方や、怪我や失敗をしないための最低限の技術だけにして、子どもが自ら発見したり工夫したりしたことを褒めてみよう。わからないことが起きたら、一緒に考えて、気づきを発表し合ってみよう。そこから、楽しいゆたかな学びの授業が生まれるはずだ。

（3）思い込みを問い直し、作品主義・コンクール主義を追放しよう。（提言８）

　「○年生ではこのような作品をつくることができる」と思い込み、「○年生らしい作品」に近づけるための指導が多くなっている。まして、新学習指導要領では「できるようになる」ことを強制している。作品の出来栄えだけを見るのではなく、その作品ができるまでの過程を大事にしよう。また、限られた時間の中で細切れにいろいろな作品を作る必要はない。時間をたっぷりとって、気持ちがこもった作品がつくれるようにしよう。そのためには、一つの題材でも学習の過程でいろいろな学びがあることを確認したり、他教科の学習ともつないでできないか考えよう。

（4）現代の「生活画」にとりくもう。（提言２、４）

　戦後、子どもたちが自分の生活を見つめ、考え、願いを込めて書く「綴り方」とともに「生活画」にとりくむ運動があった。いまそれらの作品を見ても、いきいきとしている。私たちと同じように、子どもたちも願いをもって生活していることを、「生活画」を描くことで確認してみよう。日常生活を見つめて描くことで、子どもたちも自分自身を再発見するだろう。教員は、同じ生活者である自身の日常を話したりしながら、子どもの話をよく聞こう。

（5）いろいろな鑑賞にとりくもう。

　表現と関連してだけでなく、仲間の作品や身近なものから人類の宝といわれるようなものまで、いろいろな時代や文化の、絵や彫刻や建築物や工芸品などの中から、まずは教員が子どもた

ちに見せたいものを題材にして「鑑賞のとりくみ」をしよう。そこで、みんなで鑑賞する面白さ、喜びが共有されたら「名作」と呼ばれるものにとりくんでもいい。教科書に載っている作品（良い印刷の複製が人数分あるのは便利）でもやってみよう。また、現代ほど身の周りにすぐれたデザインが溢れている時代はない。みんなの生活を豊かにするユニバーサルデザイン、サスティナブルデザインなどの中から題材を選んでもいいのではないか。たっぷり時間をとってやることも必要だが、短い時間でもできるし、時間を取らずに、ずっと掲示しておくこともできる。

（6）現状をどう改善していくか。

　高等学校では以前から美術の教員を減らし非常勤講師で授業を「消化」しているような実態があったが、それが中学校でも全国的にみられるようになった。中学校では免許外の教員に美術の授業をもたせている場合が多い。小学校では、図工主任が他教科の主任も兼ねているのが多くなっているのではないか。

　このような現状をどう改善していくか考えなければならない。

（7）美術教育の力を伝えることにもとりくもう。子どもの作品を紹介しよう。（提言12）

　現代生活では「ゆたかな感性」が不可欠だと言われて久しい。にもかかわらず、学校教育の中でその「感性」に直接かかわる美術教育が軽視されているように感じるのはなぜだろう。私たちの生活や子どもたちの将来の生活に、直接に役立たないからと考えているからではないか。私たちの日頃の啓発や宣伝がたりないのだろう。図画工作・美術の時間に、子どもたちがいかにいきいきとしているか、その作品ができるまでにどんな子どもの姿が見られたかを、若い教職員にも、保護者にも話していこう。子どもの作品をもち寄ったら、子どもの姿がわかるような説明をしよう。展覧会でも、作品ができるまでの子どもの学びがわかるような展示を工夫しよう。

> **コラム　みんなが「上手に描く、上手につくる」必要はない。**
>
> 　絵や彫刻は、現実を再現するものだと錯覚している人は多い。だから「上手に描いたり、上手につくったり」できるようにするのが美術教育だと考えている人が多い。しかし、美術史を見ても、現実の再現をめざしたのはごく一部の時代、あるいは肖像画など一部のジャンルだと気づいている人は少ない。見たこともない天使の像を描いたりつくったりするなど、美術は、見えないもの、聞こえるはずがないようなものや切実な思いなどを、形や色など美術の言葉（表現）を使って見えるようにしてきた。美術教育では、現実をしっかり観察して、見えたことや考えたことを自分なりに表現して、それが見た仲間に伝わればいいのだ。伝わらなければ、言葉や身振りも交えて話してみよう。そして、なぜ伝わらなかったか、どうしたら伝わるかを相談してみることが美術の言葉（表現）を豊かにしていくことになる。

技術　新学習指導要領の ポイント

（1）技能という言葉が復活

　技術科の実践で長い間重要視されてきた「技能」が、現行の学習指導要領には一つも登場していなかった。現行の学習指導要領の「目標」に、「…知識及び技術を習得するとともに…」と示された「技術」が「技能」のことを指しているようであった。しかし、「技能」と表現せずに「技術」と表現されていた。そのことの影響からか、技術科の「内容」の中の項目として「…技術の適切な評価・活用について考える…」が示されたことを受けて、「作品評価」をもって「技術評価」と称する実践報告が全国的に報告されることがあった。そのため、文部科学省による学習指導要領の伝達講習において、「技術の適切な評価・活用は作品評価のことではない」との説明があったという。今次、復活した技能という言葉の中身を豊かにしていくことがこれからの実践に問われている。

（2）技術科の「目標」に見られるプロジェクト学習的な教育方法の固定化

　技術科の「目標」については、「技術の見方・考え方を働かせ、…実践的・体験的な活動を通して、…資質・能力」を以下の（1）〜（3）のとおりにめざすとされている。

　「（1）…技術についての基礎的な理解…それらに係る技能…」、「（2）…技術に関わる問題を見出して課題を設定し、解決策を構想し、製作図等に表現し、試作等を通じて具体化し、実践を評価改善するなど、課題を解決する力…」、「（3）…適切かつ誠実に技術を工夫し創造しようとする実践的な態度…」。

　これら（1）〜（3）の「目標」は、「育成すべき資質・能力の3つの柱を踏まえた日本版カリキュラム・デザインの概念」において示された「知識・技能」が（1）に該当し、「態度」が（3）に該当しているようである。技術科の「目標」の（2）は、先の「日本版カリキュラム・デザイン」に示された「思考力・判断力・表現力等」を「解決力」と言い換えたもののようである。そして、この「解決力」の育成に関しては、「学習過程」と称する事のうちの4つ（①課題の設定、②設計・計画、③製作・制作・育成、④成果の評価）が、4つの間で評価や修正を経るものの基本的には時系列で学ぶ活動の手順として示されている（「学習指導要領解説」23頁）。

　このように、新学習指導要領の「目標」にプロジェクト学習的な教育方法が書きこまれ、固定

化されることが懸念される。学ぶ内容に即した教育方法の選択が求められる。

（3）４単元構成における「内容」の画一化と知識・技能の軽視

　技術科の４単元構成は変わらないが、「目標」の次項目である「内容」を見ると、AからDのすべての単元において、（1）「調べる活動」、（2）「解決する活動」、（3）「考える活動」の３つの活動を通して資質・能力を育成するとされ、（1）〜（3）内のアとイの項目の内容についても、共通している。これら（1）〜（3）を「学習過程」と呼び、（1）は「既存の技術の理解」、（2）は前述の４つ（①〜④）、（3）は「次の問題の解決の視点」と説明している（「学習指導要領解説」23頁）。（2）の「解決する活動」が学習時間の点でも肥大化し、学ぶ内容よりも学ぶプロセスありきのため、知識や技能との出会いが副次的になり、系統的な習得が困難になることが予想される。

新学習指導要領の 問題点 ‥‥‥‥‥‥‥‥‥‥‥‥‥‥

（1）少ない時間数で盛りだくさんの内容の上に教育方法のしばり

　３年間の技術科の時間数は87.5時間のままで変わらない。しかし、扱う内容は相変わらず盛りだくさんであり４単元の構成である。全てをこなそうとすれば、薄い内容になってしまう。子どもが技術を学ぶことの喜びをもたせる実践の工夫がますます問われることになる。新学習指導要領の「目標」に、教育方法が示されたことで、これまでの実践で確かめられてきた内容ごとの多様な学習の方法が排除されないように留意したい。

（2）基礎なき問題解決学習

　技術による問題を解決する能力の育成が技術科教育にとって重要なことであるが、思考力等を発揮させるためにもベースとなる知識・技能を丁寧に学ばせなければならない。今次の学習指導要領では、「解決する活動」ありきのため、基礎を教えて考えさせる等の授業づくりの工夫が求められる。

（3）「技術の見方・考え方」を豊かにはぐくむことを現場の宿題にしている？

　技術分野の「目標」の冒頭には、「技術の見方・考え方を働かせ、ものづくりなどの技術に関

する実践的・体験的な活動を通して、技術によってよりよい生活や持続可能な社会を構築する資質・能力を次のように育成することを目指す。…」と記してある。このことは、現行学習指導要領の「技術の適切な評価・活用を考える」を経て、「技術の見方・考え方」が学びの成果だけでなく学びの方法としても重要視されたことのように思われる。この「技術の見方・考え方」については、「生活や社会における事象を、技術との関わりの視点で捉え、社会からの要求、安全性、環境負荷や経済性等に着目して技術を最適化すること」という説明がなされている。ところで、中学生の大半の時期は、物事の見方が一面的といわれている。「技術の見方・考え方を働かせて」の前に、技術の見方・考え方そのものをはぐくむことに留意しなければならない。学習指導要領の「取扱い」については、「社会からの要求、安全性、環境負荷や経済性等に着目し、技術が最適化されてきたことに気付かせる」と書いてあるだけなので、子どもの中の技術の見方・考え方を豊かにすることが現場の宿題になっているようである。

（4）新しい「内容」と情報教育との関係性

新しい「内容」として、Ｄ情報の単元において「ネットワークを利用した双方向性のあるコンテンツのプログラミングによって解決する活動」が示された。サーバーへのデータの出し入れと自動処理をセットにしたＷｅｂサービスのプログラムづくりを子どもが作成することになる。このことに対して、全国の技術科教員から不安の声があがっている。

また、Ｄ情報単元については、小学校や高等学校との学習の関連性をふまえることも記されている。1989年改訂の「情報基礎」領域誕生以来、必ずしも技術科の内容と思えない内容が学習指導要領に位置付けられてきた。今次の改訂においても、ものづくり、技術と切り離されたコンピュータ教育にならないように留意することが重要になってくる。

カリキュラム *提言* をいかすために

（1）子どもの「今ある姿」から、ゆたかな学びの創造を！（提言２）

子どもが真に問題を解決したいという思いをもって臨んでいる問題解決型のような授業に出会う機会はとても少ない。官製の研究会報告を見ると、子どもが教員に付き合ったように見える報告が少なくはない。また、多くの実践報告が、「この内容を提示した」、「この図で説明した」、

「これを作らせた」、「考えなさいと述べた」など教員の言動だけが記され、子どものダイナミックな言動を描いている実践報告に出会うことはほとんどない。問題解決学習自体が学習の目的となっているような実践報告を見かけることが多い。そして、例えば「正確につくることが大切」を導き出すことを教育目標とした実践をよく見かける。「正確につくるためにどのようにすればよいのか」を探求し、知見を得たこととうまくできたことを喜ぶとともに、できた自分たちに自信をもち、さらなる高みをめざす気持ちがあふれている技術科の授業やその報告が今だからこそ強く求められているように思われる。

（2）社会を読みとり、社会をよりよく変えていく学びを！（提言４）

「相手意識に立ったものづくり」が全国教研で提案されて久しい。個人が満足する作品づくりは、幼い時期においては大切な教育の営みであろうが、そこだけにとどまらずに、社会のものづくり、働く世界とともにある技術の世界で子どもをゆたかに学ばせるためには、他者に喜んでもらえる製品づくりや制作にとりくむ技術の授業が重要になってくる。それは、多くの人々の要求に応えつつ、その製品の誕生から廃棄というものの一生を考えて、対人間や対地球に優しいものづくりを考える経験へと授業が発展するとともに、そうした手法を学んだことが、社会の主権者として自分の意見をもつことを可能にしていく。このような成長支援は技術科の使命の一つであり、同時に醍醐味でもある。時間数が少なく、施設設備が恵まれていない等の教育条件上の困難が見うけられるが、全国には同じ困難の中でとりくんでいる多くの仲間がいることを励みとして、ともに困難に立ちむかって成功事例を共有化していきたい。

（3）地域とむすび、子どもを中心としたカリキュラムを！（提言６）

最近、ごく一部の自治体の強みを活かしたり、地域の人材が子どものために、学校の活動を応援する動きも見受けられる。教員どうしの協働的な営みの大切さは勿論のこと、地域の人材からの教育的支援を受けながら、子どもが地域独自のものづくりにかかわる等で、技術的、文化的な成長を遂げるとともに、地域貢献や地域活性化等のさまざまな営みによって、さらなる成長の連鎖につながっていくことを期待したい。いろいろな地域に、ものづくりにかかわる人は存在するし、教員や学校を助けてくれる人は必ずいると信じて、地域とのつながりをつけていくことを、教育委員会ルートや保護者ルート等様々にとりくんで成功を願いたい。

家　庭　新学習指導要領の **ポイント**

（1）目標をめぐる表記の変更

　目標は、「生活の営みに係る見方・考え方を働かせ、衣食住などに関する実践的・体験的な活動を通して、生活をよりよくしようと工夫する資質・能力を次のとおり育成することを目指す」と示されている。目標を読み解くと、家庭科の目的（「生活をよりよくしようと工夫する資質・能力」）に迫るための方法（「実践的・体験的な活動」）は、従前を踏襲していることがわかる。

　また、目標は、生活をよりよくしようと工夫する「資質・能力」をはぐくむために設けた3つの柱（「知識と技能」「課題解決する力（思考力、判断力、表現力等）」「実践的な態度（学びに向かう力・人間性等）」）で構成され、課題解決をめざした学習過程が従前にも増して重視されている。

　目標には、「生活の営みに係る見方・考え方を働かせ」が追記された。「生活の営みに係る見方・考え方を働かせ」るとは、「家族や家庭、衣食住、消費や環境などに係る生活事象を、協力・協働、健康・快適・安全、生活文化の継承・創造、持続可能な社会の構築等の視点で捉え、よりよい生活を営むために工夫すること」（「家庭、技術・家庭ワーキンググループ：審議のとりまとめ」）と同意である。すなわち、目標に深く関与する「協力・協働、健康・快適・安全、生活文化の継承・創造、持続可能な社会の構築等の視点」を有する「家族や家庭、衣食住、消費や環境などに係る生活事象」に連なる内容と方法を不可分のものとして捉えることが明示されたと言える。

（2）内容をめぐる枠組みの再編と新設

　現行の学習指導要領でA〜Dの4つで括られている内容のうち、小学校「B　日常の食事と調理の基礎」「C　快適な衣服と住まい」、中学校「B　食生活と自立」「C　衣生活・住生活と自立」と示されている枠組みが小学校・中学校とも「B　衣食住の生活」と示され、内容をめぐる枠組みは「A　家族・家庭生活」「B　衣食住の生活」「C　消費生活・環境」の3つに再編された。

　内容を個別にみると、小学校「A　家族・家庭生活」の新たな内容として「（4）家族・家庭生活についての課題と実践」が設けられた。その内容は、「ア　日常生活の中から問題を見いだして課題を設定し、よりよい生活を考え、計画を立てて実践できること」とあり、「第3　指導計画の作成と内容の取扱い」において、「実践的な活動を家庭や地域などで行うことができるよう配慮し、2学年間で一つ又は二つの課題を設定して履修させること。その際、『A　家族・家庭生活』の（2）又は（3）、『B　衣食住の生活』、『C　消費生活・環境』で学習した内容との関連を図り、課題を設定できるようにすること」の記述がある。小学校で取り扱う内容に「家族・家庭生活についての課題と実践」が位置づけられたことは、小学校のみならず中学校・高等学校の家庭科を含めた教科としての家庭科がめざす学習の方向性が示されたと言える。一方、中学校で新設された内容をみると、「A　家族・家庭生活」の「（3）家族・家庭や地域との関わり」に「高齢者など地域の人々と協働する必要があることや介護など高齢者との関わり方について理解すること」が「高齢者の介護の基礎に関する体験的な活動」と重ねている記述が目を引く。

（3）指導計画の作成と内容の取扱いにみる特記された「配慮」すべき事柄

東京都調布市で起きた食物アレルギーをめぐる事故（2012年12月）を契機に、従前よりとりくまれていた食物アレルギーについて意識的なとりくみが展開されている。新学習指導要領では、「食物アレルギーについても配慮すること」が明記され、家庭科における調理実習をはじめとした食品の取り扱いについて細心の注意をはらうことが必要とある。特記された食物アレルギーにかかわらず、多様なアレルギー症状を呈する子どもたちのことを考え合わせるならば、あらゆる場面において配慮をめぐらし、家庭・学校（教科：家庭科）・地域の連携が求められている。

また、特別支援教育の一層の充実をはかる観点から、「障害のある児童などについては、学習活動を行う場合に生じる困難さに応じた指導内容や指導方法の工夫を計画的、組織的に行うこと」（小学校の場合。中学校では「児童」の語は「生徒」）が特記されている。小学校および中学校の学習指導要領第1章総則において「（前略）…家庭科における実習の指導など、それぞれに個別的に特別な配慮が必要である。（後略）」の記述と重ね合わせるならば、障害のある子どもを含むすべての一人ひとりの子どもにあった指導・支援を通常の学級において行う「インクルーシブ教育」の志向を表明しているものとして受けとめることができる。

（4）連携や系統性の重視

小学校・中学校の連携や系統性をはかることが明示されている現行の学習指導要領から更に一歩踏み込み、小学校から高等学校までを視野に入れた家庭科の指導が求められ、強調されている。

一方で、連携や系統性を重視した内容を個別にみると、例えば、「高齢者の身体の特徴に触れること。また、高齢者の介護の基礎に関する体験的な活動ができるように留意すること」のように現行の学習指導要領において高等学校で取り扱われている内容が中学校に、「買物のしくみや消費者の役割」「売買契約の基礎」のように現行の学習指導要領において中学校で取り扱われている内容が小学校に移行したことを確認できる。裏を返すと、学校間において移行を想定している内容については、連携や系統性を理由とした発展的・実践的な内容の付加を見込んでいると考えられる。

連携や系統性が重視され、追加や新設、変更などが相次ぎ、取り扱う内容は増加したと言える。しかし、時間数は増えていない。この折り合いをどのようにつけるのか、注視したい。

新学習指導要領の 問題点 ••••••••••••

（1）目標に追記された「人間性」

学習指導要領の告示において、新たに何を「核」として学習指導要領が改訂されたのかを検討する必要がある。例えば、家庭科の男女共学共修が示された1989年告示の学習指導要領における「新しい学力」、教科と道徳の関連について考慮が言及された2008年告示の学習指導要領における「生きる力」「言語活動の充実」などを思い浮かべ、いま一度考えてみたい。

「新しい学力」では、それまでの知識・技能に加え、「関心・意欲・態度」が位置づけられた。「生きる力」に関しては、「変化の激しいこれからの社会を生きるために、確かな学力、豊かな人

間性、健康・体力の知・徳・体をバランスよく育てることが大切」（文部科学省、2008年）とされ、「知識基盤社会」の中で「生きる力」をはぐくむことが学校教育の目標としてうたわれ、「知・徳・体」のつながりで「食育」が登場し、「食に関する指導については、家庭科の特質に応じて、食育の充実に資するよう配慮すること」が学習指導要領に特記された。

　このような流れの延長として、新指導要領では、新たなキーワードとして「人間性」が目標に登場し、位置づけられている。例えば、小学校家庭の目標として掲げられた3つは（1）「知識と技能」と（2）「課題解決する力（思考力、判断力、表現力等）」は、ともに「日常生活」との関係で目標が設定されているのに対して、（3）「実践的な態度（学びに向かう力・人間性等）」については「家庭生活」「家族の一員」という関係で設定されているのが際立った特徴であると指摘できる。中学校では、「家庭分野」の3つの目標は「家族・家庭」「自分と家族、家庭生活」が文言の冒頭にあり、文章中に「生活の自立」「これからの生活」「よりよい生活」の文言があるものの「家族・家庭」「自分と家族、家庭生活」との関連での記述となっており、「家庭」という内側を限定・志向する「生活」として想定されていると考えることができる。したがって、「実践的な態度」を構成する「学びに向かう力」という目標が指し示すベクトル、「人間性」という目標が対象とし包摂する内容は、態度や心がけ等に傾倒している問題を内在させていると言える。

　目標の一つに「人間性」を掲げるのであれば、「人間とは何か」を仮説として提示し、人間の本質や人間という存在等に係る探究について具体的な内容・方法と関連づけた提示が必須と言える（その手がかりとして、須田勝彦「人間の本質規定：教育学の出発点を探るためのメモ」『教授学の探究』21号、北海道大学大学院教育学研究科教育方法学研究室、2004年を参照のこと）。具体性を欠いた「人間性」を掲げることは、科学的な実証性を欠いた態度主義や経験主義など、従前の教育政策が惹起した問題の解決を困難にするばかりか、取り返しのつかない状況をもたらす可能性を有している。「人間とは何か」－人間の本質や存在の探究と実践が求められている。

(2)「生活の営みに係る見方・考え方」の「生活」

　家庭科で示された目標は、その冒頭に小学校・中学校ともに「生活の営みに係る見方・考え方を働かせ」を付し、「生活の営みに係る見方・考え方」は「家族や家庭、衣食住、消費や環境などに係る生活事象を、協力・協働、健康・快適・安全、生活文化の継承・創造、持続可能な社会の構築等の視点で捉え、よりよい生活を営むために工夫すること」と提示されている。とりあえず「生活の営みに係る見方・考え方」の「視点」を新学習指導要領は提示していると考えたとしてもなお、大きな疑問が残る。「生活」をどのように把握し、構想するかに係る記述が「人間性」と同じく全く見出すことができないことから、「人間性」同様の問題を抱えていると言える。

(3) 家庭科教育をめぐる諸条件の整備

　新学習指導要領は、内容をめぐって枠組みの再編、追加や新設、変更等が多岐にわたって改訂されている。しかし、年間の時間数は現行と変わらない。小学校は週あたりで換算すると約1.7時間（5年生：60時間）、約1.6時間（6年生：55時間）と2時間を割込んでおり、少数点を含む時間数となる奇異な状況のままである。取り扱う内容については大きな削減がなく、現行の学習指導

要領において高校で取り扱う内容が中学校に、中学校で取り扱う内容が小学校に移行するなど、取り扱う内容は増加したと言える。新学習指導要領に示された家庭科の目標を実現するためには、それに見合った家庭科の時間数が必要であり、家庭科教育をめぐる諸条件の整備は必須である。

　現行の学習指導要領では、中学校の場合、保育所の実習が設定されている。新学習指導要領では「高齢者の介護の基礎に関する体験的な活動」が明記されており、介護施設もしくは介護体験が想定されている。しかし、実際には、中学校で家庭科を担当する教員の内訳をみると、他教科に比べ非常勤、臨時免許状や免許外教科担任制度のもと指導にあたっている場合が格段に多い現状にある。保育所をはじめとする福祉関係の実習を実施するためには、当該施設・家庭科担当・教育行政の連携と協働が必須であり、コーディネートや実習計画等に要する時間の確保が欠かせない。教員の多忙化が深刻な問題となっていることを考え合わせると家庭科担当の専任率100％が何よりも肝要である。人間をはぐくむ教育と福祉に関する予算、人材養成と確保、実態を見据えた政策立案等が重要である。

　一方、社会生活や家庭生活がめまぐるしく変化するなか、家庭生活を中心とした生活を学習の対象とする家庭科にとって、学習の空間である教室（実習室）の整備は不可欠である。実習という具体的な活動を通して、生活の本質に触れ、考え、理性や感性を育み、生活に関する認識と技能を形成する場を整備することは、子どもの発達や成長に係る権利の保障にとって要件と言える。

　また、社会生活や家庭生活の変化に伴い現代的課題は山積する一方で、変化する現象は複雑化し、変化も日々加速している。子どもの育ちをめぐる課題、生活をめぐる現代的課題などに関する研修の充実と諸条件の整備は、教員の専門性や専門職性の向上にとって喫緊の問題である。

カリキュラム *提言* をいかすために

（1）これまでと現在の「生活」を問いなおし、未来の「生活」を描く

　「生活とは何か」を問い、「生活」を描くことにつながる家庭科の教育内容を探究し、実践交流をすすめることが課題である。「誰」と「どこ」で、「なに」を食べ・着て・住み、「いかなる」関係を結び、「どのような」暮らしと生命を創造するのか—「生活」に対する哲学が問われている。

（2）「単元」を基礎とした教育内容の構想

　限られた時間のなかで家庭科のカリキュラムを構想し、家庭科を指導し、授業の実践をすすめるために、「単元を基礎とした教育内容を構想する」家庭科の教育実践を再考する必要がある。

　「単元」という、ひとつのまとまりをもった教育内容を基礎として、家庭科の各枠組みの内や外といかに連結させるか、教科としての家庭科と他教科、総合的な学習や道徳等といかに連結させるか、教科としての家庭科と特別活動に代表される教科外の教育活動といかに連結させるか、教科としての家庭科と「家庭・学校・地域」をいかに連結させるかが重要になる。

　家庭科の目的を改めて確認したうえで、何（内容）をどう（方法）教えるかについて「単元」を基礎とした教育実践の開拓と検証が求められている。

家庭

保　　　　　健　新学習指導要領の ポイント

（1）保健の目標について

　各教科の「目標」は体育を含め3項目に分けられて示された。それは「知識及び技能」に対応した第1項、「思考力・判断力・表現力等」に対応した第2項、「学びに向かう力・人間性等」に対応した第3項である。それぞれの「目標」に対応した指導の「内容」が例示されたが、小学校体育科の保健領域あるいは中学校保健体育科の保健分野では、2項目のみである。それは第1項に対応した「ア」、第2項に対応した「イ」の2項目で、「学びに向かう力・人間性等」の内容は省略された。また、指導要領解説を見ると小学校3年の「健康な生活」および6年の「病気の予防」、また中学校の「健康な生活と病気の予防」では、「ア知識」とされ「技能」が記載されていない。

（2）保健のアクティブ・ラーニング

　「総則」および「指導計画の作成と内容の取扱い」において「主体的・対話的で深い学び」いわゆるアクティブ・ラーニングの重視が示され、それに対応し授業改善の方向性が、体育分野および他の教科と同様に保健についても示された。具体的には、小学校の保健領域あるいは中学校の保健分野それぞれの「内容」が、前述のように2項目で構成されているが、その「イ」の部分に「課題を発見し、その解決に向けて思考し判断するとともに、それらを表現すること」として示されている。特に中学校保健分野の「内容の取扱い」の第12項において、「自他の健康に関心をもてるようにし」「課題を解決する学習活動」の工夫が求められているが、その解説に具体例が示されている。それはディスカッション、ブレインストーミング、心肺蘇生法などの実習、実験、課題学習などである。ただし、これらの具体例は従来と同一の記述でもある。

（3）保健で新たに加わった「疾病の回復について」

　保健で新たに加わった「疾病の回復について」は、「内容」の中には具体的記述はなく、中学校の場合は「内容の取扱い」の第2項において、「健康な生活と疾病の予防」の指導に加えて「疾病の回復についても取り扱う」ことが示された。小学校の場合は第5学年及び第6学年の「内容の取扱い」第7項において、「けがの防止」を第5学年で取り扱い、「病気の予防」を第6学年で取り扱うことを示しつつ、「けがや病気の回復についても触れる」ことが示された。

　中学校においても「傷害の防止」について第2学年で取り扱うが、その回復について触れるような指示はない。

（4）保健で扱う「異性への関心」について

　小学校第4学年で指導することが示されている「体の発育・発達について」、内容の「イ」で「思春期になると」「異性への関心が芽生える」との記述が従前のまま残っている。中学校の場合は第1学年で指導することが示されている「心身の機能の発達と心の健康について」、内容の「イ」で「思春期には」「成熟に伴う変化に対応した適切な行動が必要となること」が示され、その項目に対応した「内容の取扱い」第7項に「異性への関心が高まったりする」という記述が従前のまま残っている。

新学習指導要領の **問題点**･････････････････････

（1）保健の授業時数の問題

　小学校「指導計画の作成と内容の取扱い」の指導計画作成の配慮事項の第３項には、「第５学年及び第６学年の内容の『Ｇ保健』に配当する授業時数は、２学年間で16単位時間程度とすること」が従前と同様に示された。この具体的な数値に「程度」の修飾語が付随し、指示は不明瞭である。その不明瞭な背景には保健に配当するべき適切な授業時に議論があると考えられる。特に、第５学年及び第６学年の保健に配当する授業時数が２学年間で16単位時間とされているが、この学年に配当される体育科の年間授業時数が90単位時間とされ、体育の実技に当てられる授業時数は週に２回をわずかに上回る82時間程度となってしまう。成長の著しいこの時期の子どもたちの運動頻度として週２回強では、少なすぎると考えられる。保健の学習内容には重要な事項が含まれ、子どもたちに有益ではある。しかし、「総則第５」の１のイに学校保健計画、学校安全計画と関連付けながら効果的指導に留意が示されていることをふまえ、特別活動や健康安全に関する学校行事で扱うなどの工夫ができるであろうから、小学校高学年のみならず体育実技授業時数を多く確保することが可能であると考えられる。

（2）保健の内容の精選

　前項で指摘した点とも関連するが、小学校中学年から高校までに指導するべきとして例示された保健の学習内容は重複する内容が含まれ、削減する工夫も必要と考えられる。体育実技と教室で学ぶ保健学習との大きな違いは子どもには理解されにくく、生活科、理科、家庭科で扱うことや、前項で示したように学校行事や特別活動による学習効果に期待ができる。

（3）放射能の危険性

　中学校の疾病に関する指導の「内容の取扱い（3）」で「がんについても取り扱う」こととしている。がんを取り上げるとすれば、東京電力福島第一原子力発電所の事故により大きな汚染が発生した放射能の危険性について記載がない点は問題である。他の原因もがんを引き起こす可能性が統計的に有意な物質や生活の仕方が示されている中で、放射線の被曝とがんの発生について正しい知識が扱われることが望まれる。

（4）心身の発達と個人差

　新学習指導要領のポイント（4）で示したように、心身の発達について指導する内容に異性への関心が芽生えるとか、異性への関心が高まると解説している点は、基本的人権尊重の理念から問題である。第二発育急進期を経て生殖機能が充実するが、そのことと個人の性的指向を含めた恋愛感情の高まりは同一視しないことが現在では理解されている。体育の指導では「障害のある児童」へ工夫を求めていながら、LGBTと言われる性的マイノリティもかなりの割合で存在することが認められている現在、保健の指導について従来の固定観念が放置されている点は大きな問題と考えられる。パートナーを求める気持ちの高まりを示すならば他者への関心であり、道徳の内容とも重なるが、他者への愛情の大切さに触れるべきであろう。

　小学校でこの内容を指導する際に他者との違いを肯定的に認める配慮を求めながら、この「異

性への関心」と性について限定的な記載が残った点は問題である。

カリキュラム *提言* をいかすために

（1）みんなで保健のカリキュラムを創造（提言7、11）

　新学習指導要領の問題点（1）で指摘したように、保健に配当するべきとされた授業時数は前指導要領と変わりがなかった。しかし、体育実技授業時数を多く確保することが可能である点も指摘した。

　また（2）では、学習内容を削減する工夫の必要性も指摘した。学習内容の削減がほとんどされないまま改訂された今次の学習指導要領は、他教科を含め内容の過多が多くの関係者から指摘されている。ただし「総則第1」の「4」に「カリキュラム・マネジメント」の推奨が示され、大綱的基準である学習指導要領の学習内容の精選を含め、教育課程を各学校の実態に即して適切に組むことが可能となっている。

　しかし、保健の学習内容には重要な事項が含まれ、それらは子どもたちに有益ではある。従って「総則第5」の「1」の「イ」に「学校保健計画、学校安全計画と関連付けながら効果的指導」に留意が示されていることをふまえ、養護教諭や学校医、学校薬剤師と情報の共有や適切な教材の提供を受けるなど工夫しながら、重要で子どもたちに有益な内容に絞って保健のカリキュラムも作成されることが望まれる。

（2）「合理的配慮」によるインクルーシブな学校と保健の学習（提言3、9）

　インクルーシブ教育の推進は特別支援教育の中だけでなく、保健の学習でもすすめられる課題である。新学習指導要領の問題点（4）で示したように、発育発達に関連して異性への関心の芽生えや異性への関心の高まりを内容として放置した点を指摘したが、その解決に当たってはインクルーシブ教育の理念や特別支援教育の理念が参考となる。例えば、食物アレルギーへの対応として個別給食や弁当持参が認められ、発達障害をともなう子どもに対する個別支援等において、周囲の仲間にそれらの子どもの個別な状況を説明し、理解を求めている。LGBTと言われる性的マイノリティは自己の身体的な性に違和感を覚え、同性に対し性的関心をもつことがあり、そのことが多くの仲間と異なることから、差別やいじめの対象となることがある。個性の尊重や多様性（ダイバーシティ）を認めることが徐々に広がりつつあるなかにおいて、性的マイノリティは少数なだけであり、不道徳でもなく危険な存在でもない。一般の子どもと変わりなく尊重される基本的人権を有していることを、子どもたちが理解できる言葉で伝えることが有益である。このことに関連し2015年4月に文科省から出された「性同一性障害に係る児童生徒に対するきめ細かな対応の実施等について」や、法務省の啓発ページ「性的指向及び性自認を理由とする偏見や差別をなくしましょう」も情報のひとつである。

　さらに、男女共同参画基本法、女子差別撤廃条約、子どもの権利条約で謳われている性による不平等解消、すなわち女性の地位向上も道半ばであり、その進展のハードルのひとつに女子だけに行われる保健指導や、場合によっては保健の授業が男女別に実施されることが指摘できる。女性の身体や機能の変化について男性の理解も必要であり、性別による指導を行うことが偏見や懐疑心を派生させることにつながることから、男女の区別なく対応することが大切である。

（3）科学的・系統的に精選された保健の学習内容（提言12）

　前章（3）で放射能の危険性について記載のない問題を指摘した。東電福島第一原発事故の発生前は発電所と放射性物質について安全性が楽観的に扱われていた。東日本大震災の発生前には巨大地震に対する認識の甘さも認められた。健康と安全な生活に関する基礎的知識と技能を身につけることを目標とする保健の学習において、科学的な根拠に基づいて内容を精選することは特に重要である。新指導要領のポイントの（3）で示した「回復」について触れることも時期尚早とも考えられる。

　放射能汚染物質の拡散と各地の放射線量および飲食物の汚染状況の把握について、情報の公開に不誠実な現象があった。当時の政府も情報の把握や認識の不足はあったが、混乱を防ぐことを口実とした不誠実な広報がなされた事実は教育現場にも混乱をもたらした。事故発生直後の放射線副読本（文科省、2011年）は自然界の放射線の存在や医療等に使われる放射線の有効性が多く紹介され、健康と安全な生活に関する科学的根拠として偏りがあった。新しい放射線副読本（2014年改定）においてはかなり偏りが解消され、情報の正確性は向上している。しかし、使用済み核燃料の最終処分場が決まらない事実や、福島原発事故後に発生した放射能汚染物質の貯蔵場所が定まらない事実は、放射線の危険性が多くの人々に共有されていないことが要因のひとつと考えられる。放射線の健康に与える影響について、特に内部被曝の危険性については、その悪影響が子どもに対して大きいことから、科学的で正確な情報提供が求められる。

　疾病に関する学習内容についても、科学的な根拠に基づいて内容を精選することが求められる。

　豚由来による新型インフルエンザの世界的大流行の後に、学校保健安全法施行規則が2012年に施行され感染症の分類も新しくなった。学校という集団が生活する場における感染症は重篤な結果をもたらすことがあることから、正しい知識に基づき的確な対処が必要であることは事実である。保健の学習内容として例示されている感染症の予防に関する解説で、小学校のインフルエンザ、麻疹、風疹、結核、中学校の結核、コレラ、ノロウイルスによる感染性胃腸炎、麻疹、エイズと性感染症が取り上げられている。ここに取り上げられている感染症には子どもの生活とかけ離れた例が含まれ、毒性や感染力を考慮した的確な判断がされることが望まれる。

（4）ゆたかな学びを保健の学習に（提言2、7）

　保健に限らず教育内容は憲法や教育基本法の精神に沿った根源的価値に基づいたものであるべきである。その点から逸脱している事例をドーピングに関する指導に見いだすことができる。

　文科省の示した今次改訂のポイントのひとつに、オリンピック・パラリンピック関連項目があげられている。2020年東京開催を控え、フェアプレイ等の理解が深まる好機ではあると考えられる。しかし、中学校第2学年の指導内容として示された病気の予防における薬物乱用の指導を解説し、「ドーピングの健康への影響についても触れるようにする」ことは、難解な問題であるドーピングの偏った理解につながってしまう。従前の指導要領でもこの内容は高等学校の体育理論の中で「オリンピックムーブメントとドーピング」として扱われていて、「文化的価値を失わせる行為」と示されている。健康への影響についてのみ関連させることは、誤解を増幅することであり、今次改訂の全面実施時期と開催が重なる時流に流された対応となっている。

　健康と安全に関する教育内容は、基本的人権を確立する重要な事項であり、時流に流されず根源的価値に基づいたものであるべきである。

保健

体　　育　新学習指導要領の **ポイント**

（1）体育の教科目標

　今次の改訂では資質・能力の育成を謳い、それぞれの教科で指導の「目標」が3項目に分けて示された。それは「知識及び技能」に対応した第1項、「思考力・判断力・表現力等」に対応した第2項、「学びに向かう力・人間性等」に対応した第3項となった。体育科においては前の指導要領も3項目で数に変更はなかったが、第2項と第3項の順番は変更された。また従来「態度」として示された項目が「学びに向かう力・人間性等」に変わったものの、示された目標には大きな変更はなかった。

　具体的に例示された指導「内容」も「目標」に対応させ、それぞれ3項に分けて示された。従来「知識」の内容のみであった中学校の「体育理論」においても、今次は3項目が例示された。

（2）体育科のアクティブ・ラーニング

　アクティブ・ラーニングを「主体的・対話的で深い学び」と言い換えることになったが、体育の学習は実技あるいは運動が主体であり、仲間がいる集団の中で、しかもその集団がチームとしてグループ分けされる場合もあって、対話的で協働的でかつ個人の特性に合わせた役割分担が必要で、新たにアクティブ・ラーニングを意識するまでもなくその意図するところは取り入れられてきた。

（3）オリンピック・パラリンピックと体育

　今次の改訂でオリンピック・パラリンピックに関連した項目をあげて、学習の充実を重視したとされている。2020年東京開催を控え、スポーツの文化的意義やフェアプレイの理解が深まる好機ではあると考えられる。しかし、中学校及び高等学校の「体育理論」領域には従来から、オリンピックを含めた国際競技大会の意義や平和に貢献することが示されていた。

（4）武道の取り扱い

　今次の改訂で例示された体育科の「内容」は前の指導要領と、「体つくり運動」から「体育理論」まで、領域の名称と共にほとんど変更がなかった。また、「知識及び技能」の「内容」として列挙された各運動種目にもほとんど変更はなかった。その中にあって、中学校「武道」について「内容の取扱い」で柔道、剣道、すもうに加え空手道、なぎなた、弓道、合気道、少林寺拳法、銃剣道が記載された。今次の改訂に当たって変わっていない部分は重要だからであると言われるが、その点からすれば「武道」については議論が残っていると考えられる。

（5）体力の向上

　前項の指摘と同様に体育の学習指導以外の体育関連部分もほとんど変更はなかった。それは運動部活動の位置づけや、「総則」第1の2（3）に示された体力の向上、ウィンタースポーツと野外活動、集団行動等についてであり、大きな変更はなかった。従来通り体力の向上に努めることが学校教育全体を通して求められている。

ただし、「指導計画の作成と内容の取扱い」には障害のある子どもに対する配慮や、体力や技能の程度、性別にかかわらず効果的指導がなされるよう促し、指導方法の工夫が促されている。

新学習指導要領の 問題点・・・・・・・・・・・・・・・・・・・・・・・・・

（1）学習内容の過多と武道の問題

小学校陸上運動系に関して「内容の取扱い」で「投の運動」が新たに記載され、高学年の「水泳運動」には「安全確保につながる運動」が追加されている。他の教科とも共通して学習内容の過多が小中高のすべてにおいても指摘される中、追加の記載がされることは問題である。

中学校「武道」について「内容の取扱い」で戦闘行為を連想させる銃剣道も記載され、我が国の伝統に触れさせることを強調しているが、その領域名が矛盾を含むため高等学校におけるレスリングの指導が中途半端に扱われていた。また、剣道の履修を強制し代替措置を講じなかったことに関する違憲判決もあり、指導の現場を混乱させる要素が潜在し問題である。さらにまた、対人競技として勝敗を競い合う楽しさを求めることを運動の特性として示しながら、勝敗を競うことのない合気道やシューティング・スポーツである弓道も含まれ、問題はさらに複雑になった。

（2）体育の指導方法に関連した問題

前ページ（2）でアクティブ・ラーニングを「主体的・対話的で深い学び」と言い換えることについて紹介したが、これは指導方法の提案である。しかも前の指導要領の記載事項とさほど変わりないままの指導方法の提案である。指導方法について地域や学校の環境及び子どもの実態に配慮するように謳っていながら、あえて統一的に方法を示すことは問題である。しかも、「指導計画の作成と内容の取扱い」で「言語活動」や「情報通信ネットワーク」、「具体的な体験を伴う学習」等の積極的な活用が促されている。

「言語活動」の充実は必要ではあるが、運動を楽しみ、技能の向上や勝敗を競う体育の主要な学習活動において、指導の焦点をそちらに当てることによる損失が考えられる。「情報通信ネットワーク」の活用は、情報機器の未整備な中で教職員個人の努力で整備する実態もあり、環境整備を伴わないこの要請は無責任と言わざるを得ない。保健の学習を含め「具体的な体験を伴う学習」を促しているが、運動の実践が学習活動の中心である体育において、体験を伴わない活動は考えられず、教科の特性や教職員の実態を見過ごした理念優先と考えられる。

（3）体力測定の問題

前ページ（5）で指摘した体力の向上を主目的とする「総則」第1の2（3）体育に関連する項目が示されている。この項目が導入された契機は、1964年東京オリンピックであった。導入の影響から体力向上のためだけの運動、すなわちトレーニング化した体育の学習がはびこり、子どもたちから見放され、体育嫌いを誘発し、大きな禍根を残すこととなった。今次も字句の修正のみでこの項目は残っている。明治期に体操が教科として導入された際も、兵力や労働力の確保が前提とされ、子どもたちが運動を楽しく実践するため、あるいはより大きな成果を生み出す源としての体力とは異なった捉え方がなされていた。総則で示された体力の捉え方は時代にそぐわない

し、教科の目標である「豊かなスポーツライフの実現」からかけ離れていく危険性がある。

　偏った体力の捉え方の元で「指導計画の作成と内容の取扱い」2の（6）に「体力測定については、計画的に実施」することが示されてはいるものの、測定結果を全国から報告させ、都道府県別や学校別に公表されることにより、弊害は増幅している。

カリキュラム *提言* をいかすために

（1）体育のゆたかな学びにむけて（提言1、2）

　小学校体育科と中学校保健体育科の1・2年生では、すべての領域が必修とされている。しかし、問題があると指摘した「武道」領域であっても、学習する運動は3種目の中から1種目を選択して履修させることとなっている。他の領域も運動種目は選択履修である。中学3年生と高等学校では学ぶ領域も一部を除き選択であり、子どもの主体性や自主性が尊重できることにはなっている。指導要領の内容の提示はそのようになっていても、教職員数の不足や施設の不備、用器具の不足等教育環境の貧しさから、実態はゆたかな学びとは異なった選択の余地のない状況に放置されている。

　体育の学習指導においてゆたかな学びを実現するには、教職員数や施設用具のハードウェアに該当する部分については、管理運営する自治体や教育委員会、文科省に要望を出し続けることが必要だと考えられる。またソフトウェアに該当する指導の工夫や種目の選択には情報の収集が必要と考えられる。校内研修、情報通信ネットワークの活用、テレビのスポーツ放送の視聴を含む自主的研修、子どもたちが参加する運動部活動、地域のスポーツ大会や練習の見学等々から得られた情報に、子どもの意見を加味した対応が望まれる。

（2）子どもの育ちと体力の向上（提言1、2）

　前ページ（3）で問題として指摘した体力測定を、子どもたちの育ちの指標として捉える視点をもちたいものである。また子どもたち自身にも、自己の身体とその運動機能について客観的に捉える機会として欲しいものである。そもそも体力測定は、競技力把握のための手法であって、個性や個人の意向にかかわらず捉えられる数値的指標に過ぎないのである。全国の結果を報告させ一覧として示したその序列は過大評価され、都道府県対抗、あるいは学校対抗の様相を見せる弊害をもたらした。結果の公表に一定の改善は見られるものの、強制的に報告させることの根本的問題は残ったままである。体力測定の結果は子どもたち自身のものであり、人格の形成の経過を把握する一側面であることを理解させ、運動機能についても測定項目すべてが優れていることのみに価値があるわけではなく、個人の過去の結果と比較するなど、成長の著しい項目や停滞している項目などがあることを理解させることが重要である。

　体力測定の項目は、全身持久性や筋力等々の体力要素の指標となり、測定に当たって危険性がなく、測定方法も比較的容易な項目から構成されている。したがって、測定される運動種目を反復練習したり、繰り返し測定した中から結果を選んだりすると、体力測定の意義が損なわれてしまう。中学校の各運動領域では、「知識及び技能」の「内容」に「関連して高まる体力を理解する」ことが記載されているように、小学生であっても運動や遊びの実践から、おのずと高まる運

動機能を、体力測定で把握することが測定の意義となる。

　体力測定項目の例として全身持久性や筋力に触れたが、敏捷性や柔軟性を含めた体力要素を行動体力と呼ぶと共に、生理学的体力の概念には防衛体力も含まれ、こちらは機械的測定にはなじまない要素で、病気になりにくく、環境の変化に耐えられ、生命維持の能力に関する機能を指している。健康を維持する機能であるこの防衛体力は、行動体力が高いことと関係すると言われているが、競技力向上のためトレーニングにより高まった行動体力と健康を維持する防衛体力の高さには直接関連は見られない。「総則」第1の2（3）に示された主旨には、行動体力を高めることで防衛体力を高めようとしている内容が読み取れ、主客が転倒していると考えられる。意図的に体力を向上させる学習指導は、体育の目標にそぐわないと理解するべきである。

（3）みんなで体育のカリキュラムを創造（提言11、12）

　体育科あるいは保健体育科に割り当てられた授業時数は前の指導要領と変わりがなかった。学校5日制に対応させた前々回は、内容の3割削減がめざされ年間授業時数が90時間とされたが、今次は前回同様に週3回の体育が可能な105時間が維持された。しかし小学校高学年の90時間もそのまま維持され、第二発育急進期にかかわる子どもの運動頻度としては不十分な措置と考えられる。

　前ページ（1）で問題点として指摘した学習内容の過多は、授業時数の不足とはかかわりなく捉えられる。小学校から高等学校まで必修とし中学校では時間数も7時間程度と指定され、最初に示されている「体つくり運動」は、「指導計画の作成と内容の取扱い」で他の運動領域において「その趣旨を生かした指導ができ」「関連を図って指導する」ことが示されていることから、あえて単元として指導計画に組み込む必要がないとも受け取れる。また「体ほぐしの運動」ではリズミカルな運動が推奨されて、伴奏を工夫することも解説されていることからダンス表現運動系の単元と一体にして扱うことも考えられる。

　水泳系の扱いについて「内容の取扱い」で「適切な水泳場の確保が困難な場合にはこれを扱わないことができる」ので、現在の水泳競技は室内で温度管理がなされるプールで実施されている実態をふまえ、学校にプールがあっても「適切な水泳場」とはなりにくいことから、この単元も省略できると考えられる。

　球技系の「ベースボール型」はソフトボールを代表例として例示し、中学校においては「十分な広さの運動場の確保が難しい場合は」指導の工夫を示し、小学校においては「学校の実態に応じて」取り扱わないことができるとしている。このことからこの種目の省略や簡易化が可能である。

　保健や体育理論は時間数の指示と共にある程度まとまりをもった単元構成が求められているが、「体つくり運動」をはじめ運動領域と保健の関連指導が求められ、球技系の指導等で「フェアなプレイ」の指導が推奨され、体育理論の学習内容を運動の実践において学習する機会は見いだされる。

　また「総則第1」の「4」に「カリキュラム・マネジメント」の推奨が示され、小学校45分、中学校50分の標準授業時間も、指導の効果をふまえて融通を利かすことが提案されている。

　このように学習内容の精選と体育実技授業時数を多く確保することは、学習指導要領の記載に従っても可能であると考えられる。さらに、学習指導要領は大綱的基準であり学習内容の取捨選択、精選を含め、教育課程を各学校の環境と子どもの実態に即して適切に組むことも可能といえる。

外 国 語　新学習指導要領のポイント

　他の教科や領域と同様に「知識・技能」「思考力・判断力・表現力」「学びに向かう力・人間性等」からなる３つの柱からなり、冒頭に「外国語によるコミュニケーションにおける見方・考え方を働か」すこととあり、一読して目標がかなりくわしくなり、「できるようにする」という形で記述されている。小学校および中学校では「聞くこと」「読むこと」「話すこと（やり取り）」「話すこと（発表）」「書くこと」の５つの領域別に目標が設定された。話すについては、「やり取り」と「発表」がとりたてて、記されている。

（1）小学校高学年での外国語の教科化

　小学校高学年では外国語科となり、年間70時間の実施である。「聞く」「話す」だけでなく「読む」「書く」も行い、綴りの識別や、発音ができるように、また、書けるようにする。これまでの外国語活動は、中学年において「聞く」「話す（やり取り）（発表）」の３領域でなされる。小学校で扱うのは600〜700語とされている。

（2）中学校

　単語数は、現行の1,200語程度から1,600〜1,800語程度へと増加し、これまで高校であつかわれていた文法項目のいくつかが中学校へ移動された。また、中学校でも「授業は英語で行うことを基本とする」とされた。

（3）高等学校

　高等学校では「コミュニケーション英語I」を必修とし、「コミュニケーション英語II/III」「英語表現I/II」「コミュニケーション英語基礎」「英語会話」であるのが、「コミュニケーション英語I/II/III」および「論理表現I/II/III」となる。コミュニケーション英語I / II / IIIすべてを履修した場合1,800語となる（中学とあわせて3,000語）。例示される使用場面で「コミュニケーション活動を行う」であったのが、「言語活動を英語で行う」となる。

新学習指導要領の *問題点* ・・・・・・・・・・・・・・・・・・・・・・・

（1）英語教育改革への道

　小学校での外国語科の導入にあたっては、指導要領のみならず、さまざまな問題をはらんでいる。小学校での英語教育の展開は、財界や政治的な意図があり、「英語が使える日本人」の育成のための戦略構想、そしてそれによる「英語が使える日本人」のための行動計画や英語教育改革実施計画が策定され、英語教育改革が着実に実行に移されているかのようである。

（2）授業時間の確保

　小学校での外国語科では、年間35時間にわたる時間をどうつくるかが課題となる。短時間学習（帯学習・モジュール学習）や、長期休業期間や土曜日の活用などが想定されているが、現場での混乱が予想される。

（3）研修・養成

　小学校教諭免許には外国語科に関する科目はなく、養成と研修が課題となる。「外国語教育強化地域拠点事業」として、3年間かけて拠点大学によって現職の小学校教員に中学校教諭二種免許状（外国語（英語））を取得させる研修もすすめられている。養成・採用・研修の一体化のもと、大学での教職課程のコアカリキュラムも整備されつつある。「英語教育推進リーダー」により、浸透させるというが、実際は、どのようになるかは未知である。また、熱心に英語教育を推進する先生方と、そうでない先生方との不協和音が起こらないか、懸念もある。

　他方、自治体でも「英語教育改善プラン」が策定され、外部試験による評価もなされ、競争をあおるかのようである。また「英語教員の英語力・指導力強化のための調査」のもと、検定試験を受けなければならない実態もある。

（4）評価

　新指導要領の目標が「できるようにする」と記述されるようになったのは、Can-Do リストがひろまったことによる。ヨーロッパ評議会によるヨーロッパ共通参照枠（CEFR）にもとづく

Can-Do リストは、ヨーロッパにおいては、必然性のあることだろう。各校でCan-Do リストをつくるように求められているが、Can-Do リストは画一的なものとならざるを得ず、現場の独走性を削ぐことになっているように思われる。

(5) 負担や競争の激化

単語数をはじめ、言語材料の増加は、子どもたちの負担となる。また、外部テストの導入もあり、成果主義による競争は格差を生むものとなるのではないだろうか。

(6) コミュニケーションにおける「見方・考え方」および「資質・能力」

「外国語によるコミュニケーションにおける見方・考え方を働かせ」るということはどういうことだろうか。「見方・考え方」は性急にあらわれるものではない。また、そう期待するべきものではない。「考えや気持ち」を伝え合うことは、根底にあってしかるべきである。子どもの可能性は、相互活動をとおして引きだされるものであって、その意味では「働かせる」ことは重要である。他方、なにごとにおいても、「働かせ」たことを可視化して、評価するという風潮があるなか、じっくり自分なりに考えるということをなおざりにしているようでならない。

また、コミュニケーションをはかる「資質・能力」を育成するとある。これまで曖昧であったコミュニケーション能力が、CEFRによって、到達目標化されたかのようである。その「ちから」とは何か。本来、子どもや仲間がつくりだす物語を授業や学校のなかで、つむいでいく原動力が、その「ちから」なのであろう。１＋１が２となるようなものではないことを現場教員は肌身で知っている。そこから出発すべきである。

カリキュラム *提言* をいかすために

(提言２) 子どもの今ある姿から、ゆたかな学びの創造を！

(提言５) お互いを理解するための学びを！

単に暗記中心であったことから、「やり取り」や「発表」のような子どもたち主体のすすめ方が推奨されるのは、よいように思う。決まりきったパターンをくり返し練習させ、覚えさせるのにたいして、一人ひとりにとって、意味のあることを表現する自己表現のとりくみや、そうした

活動をとおした学習集団づくりは現場教員らによって積みあげられたことの一つである。

（提言４）社会を読みとり、社会を変えていく学びを！
（提言６）地域とむすぶ、子ども中心のカリキュラムを！

　現場教員は（外国語教育の四目的※）にあるように、教育研究集会をはじめとして外国語教育の目的を論議し、外国語を学ぶことで社会にかかわり、よりよい世界につながる実践を追求してきている。そのための自主教材がもち寄られ、検定教科書にも反映されてきた。

　指導要領の解説では、日常的な話題に加えて、社会的な話題についてもとりあげられている。内容の取り扱いにおいて、他教科との関連づけを工夫するとある。人権教育や国際理解に関する活動も事例としてあげられている。また話題として、エネルギー問題や環境問題が例として示されている。「小学校外国語活動・外国語研修ガイドブック」にも具体的な指導案も掲載されている。従前からの「多様な考え方に対する理解を深めさせ、公正な判断を養い豊かな信条を育てる」「国際理解を深め – 国際協調の精神を養う」とあるので、平和・人権・環境・共生の教育につなげたい。

（提言10）多文化共生をすすめる外国語教育を！

　指導要領では、外国語としながらも実質は英語教育となっている。英語教育によって格差が生まれるのに荷担してはならない。CEFRはヨーロッパにおいて外国語教育を推進し、平和の基盤を実現するためのものである。その背景でもある複言語主義から多文化共生を求め、英語偏重の反省を導きたい。

※［外国語教育の四目的］（日教組教育研究全国集会 外国語教育・活動分科会基調より）

1　外国語の学習をとおして、世界平和、民族独立、民主主義、社会進歩、人権擁護、環境保護のために、世界の人びととの理解、交流、連帯をすすめる。

2　労働と生活を基礎として、外国語の学習で養うことができる思考や感性を育てる。

3　外国語と日本語とを比較して、日本語への認識を深める。

4　以上をふまえながら、外国語を使う能力の基礎を養う。

特別の教科 道徳　新学習指導要領の ポイント

(1)「道徳」を「特別の教科 道徳」に格上げ

　文部科学省は2015年に学教法施行規則（省令）を改正して小中の教育課程に「特別の教科 道徳」（道徳科）をおくものとした。同省令にもとづき同年一部改正の学習指導要領（告示）に道徳科がおかれ（小2018・中2019実施）、それと同じ記述が2017年の新学習指導要領にもられた。

(2) 道徳規準の国定の継続

　子どもが身につける道徳規準として、小学校低学年19項目・中学年20項目・高学年22項目、中学校22項目の道徳の内容項目がおかれた（従前は小低16・中18・高22項目、中24項目）。

(3) 道徳規準の再編

　小学校の低学年では、中学年以上におかれていた「個性の伸長」「国際理解、国際親善」の内容項目と高学年におかれていた「公正、公平、社会正義」の内容項目が前倒しに。また、低学年において「郷土の文化や生活」に「愛着をもつ」ことをもとめていた内容項目は、冒頭に「我が国や」の文言が付加され、中学年からの愛国心教育が前倒しになった。中学年では、高学年におかれていた「相互理解、寛容」「公正、公平、社会正義」の内容項目が前倒しに。高学年では、中学校におかれていた「よりよく生きる喜び」の内容項目が前倒しされ、2つの内容項目が「よりよい学校生活、集団生活の充実」の1つにまとめられた。

　中学校では、6つの内容項目が「思いやり、感謝」「相互理解、寛容」「遵法精神、公徳心」の3つにまとめられ、1つの内容項目が「自然愛護」と「感動・畏敬の念」の2つにわけられた。

(4) 新たな方法と評価の導入

　「問題解決的な学習、道徳的行為に関する体験的な学習等を適切に取り入れるなど、指導方法を工夫すること」の文言が新たにおかれ、「考え、議論する道徳教育」の導入をもとめている。「学習状況や道徳性に係る成長の様子」について、それらの「実態」を把握することも新たにもとめている。

新学習指導要領の 問題点・・・・・・・・・・・・・・・・・・・・

(1) 国による道徳への介入

　独立した教科による道徳教育（修身）は1872年の学制にはじまり、道徳規準を国定することは

1890年に第1次山縣有朋政権下でおこなわれ（「教育勅語」11項目）、それに準拠して道徳教育をすすめる小学校教則大綱（省令）が1891年につくられた。以来、「独立教科・国定規準・規準準拠」の三位一体による道徳教育がおこなわれたが、1945年の敗戦と占領により停止となる。戦前の道徳教育は、子どもに「国家のために死ぬこと」（勅語衍義）を求めてきたが、その結末の悲惨はだれの目から見ても明らかだった。

　だが、1952年に占領軍撤退後最初の首相施政方針演説において、「戦後教育改革」の「再検討」と「愛国心の涵養と道義の高揚」が提起されたことを起点の1つとして（第4次吉田茂政権）、三位一体の道徳教育を復活させる動きが保守政党によりつくられる。これに文部省が従う。「国定規準・規準準拠」については、1958年の学習指導要領とその告示化により、小学校で36項目（中学校21項目）の道徳の内容項目を教えることとした。「独立教科」については、同年に学教法施行規則を改正して「道徳」の時間を特設したが、教科の位置づけを欠いたため、教科書はつくられず、指導要録に「道徳」欄はおかれなかった（第2次岸信介政権）。以来、特設「道徳」の教育がおこなわれたが、三位一体の道徳教育を復活させることへの批判と懸念は教育界において持続された。第1次安倍政権は2007年に「徳育の教科化」を提起するが、2008年中央教育審議会は教科化を見送った。

　第2次安倍政権は2013年にあらためて「道徳の教科化」を提起し、2014年中央教育審議会はこれを認める。2015年の省令改正と告示に道が開かれ、2016年の指導要録参考様式（通知）に「道徳科」欄がおかれ（「観点別評価ではなく個人内評価として丁寧に見取り、記述で表現」）、2017年に検定教科書が採択された。三位一体の道徳教育は完全復活となる。西欧では過去の宗教戦争の惨禍に学び、国民の思想に国家が介入しない良識を確立してきた。ところが、日本は過去の検証を怠り、国民の道徳に国家が介入することを許してきた。

(2) 内面化の懸念

　国による道徳への介入が拡充するとさまざまな問題が生じる。1つは、国定道徳規準の内面化への懸念だ。道徳の内容項目については、歴史のなかで果たした役割の検証が不十分なものが多い。戦前における家族愛と天皇崇拝の愛国心の形成には、民衆が権力に対抗して自発的に組織をつくるような行動をくいとめ国民を非政治化し、あわせて国家への献身をもとめる役割が期待されていた（升味準之輔）。その検証を欠いたまま、戦後の保守政党は、家族愛と愛国心の形成の主張を重ねており、新学習指導要領にも家族愛と愛国心の内容項目がおかれている。現行の授業でも、国定教材『私たちの道徳』の物語を最後まで読み終えた後に出てくる子どもの意見は、教材の価値観に沿って画一化したものになることが多い。いま『私たちの道徳』の教材は、検定教科書にも横滑りしている。思想・良心の自由との抵触を生じさせ教育の不当な支配にあたるおそれが指摘されている。

(3) 表層的・形式的受容と不信・痛苦

　もう1つは、表層的・形式的受容への懸念だ。1918年に尋常小学校に入学した土屋芳雄の回想。

授業では天皇を「神とも慕ひてお仕え申す」というのを習ったが「なんの矛盾も感じなかった」（『ある憲兵の記録』）。天皇崇拝の愛国心の内面化は果たされたかにみえる。だが、1931年に徴兵検査に臨んだ土屋は「兵隊にとられたくない」と真剣に考え、仮病も考えた。結局、土屋は「疾病を作為」することはなかったが、それは兵役法による懲役刑と「世間の目」をおそれてのことだった。「天皇崇拝の愛国心」＝「国家のために死ぬこと」は、表層的受容や状況に強いられた諦念による受容、あるいは、進学や軍隊内出世のための形式的受容に帰結することが多かった。

元来道徳は人々が生活と仕事のなかで自然に身につけるものであり、三位一体の道徳教育は制度設計に無理があるのだが、問題はその点に留まらない。不信と痛苦の問題があるからだ。たとえば検定教科書の一部では「父・母・子」からなる家族の例示がおこなわれ「父母」への「敬愛」を子どもに求めており、その「学習」が評価の対象に位置づけられている。家族の別離や家族内の葛藤に直面している子どもが、「家族が大好き」を強いられるとき、その表層的・形式的受容は、自他への不信や痛苦をともなったものとならざるを得ない。

（4）教育の劣化

教育の劣化も生じる。教育課程の一角に三位一体の道徳教育が位置づけられると、事実と学問にもとづき自然・社会・人間について認識を深めていく営みが負の影響を被るからだ。1942年に国民学校に入学した佐藤藤三郎の回想。「教育勅語を暗記させられていた。意味も内容もわからず、ただの暗記だった」。学友が、山道の断層から魚の骨らしきものを見つけてよろこんだときにも、それを学問的に解説して、さらに興味をもたせるような教育をする先生は、佐藤の学校にいなかった。

戦後に人々が渇望したのは事実と学問にもとづく教育だった。だが、1953年に自由党（総裁吉田茂）がまとめた国会報告書には次の文言があった。「社会科で取扱われる問題のなかには、道徳的に処理し、解決されなければならぬ問題が多い。それをいちいち科学的解決でなければならないとするために、問題は一層複雑となっている。これはひとり社会科ばかりでなく…」。

いま国による「道徳的処理」（これはこうすべき）をめざした記述は、新学習指導要領にもみられる。中学理科では原子力を「エネルギー資源」ととらえその「有効な利用が大切」とつづけられ、小学音楽では「国歌『君が代』」を全学年で「歌えるよう指導すること」とする記述がつづけられている。

カリキュラム 提言 をいかすために

（1）「無意図的な道徳教育」（提言２から　教育は「型」にはめずに）

三位一体の道徳教育とは異なり、その意義が認められてきた道徳教育には２つの重要な領域がある。第１は「無意図的な道徳教育」。これは、元来道徳は人々が生活と仕事のなかで自然に身

につけるものであり、子どもにとっては学校が生活の場であることに対応した領域である。たとえば、競争主義的な考えが支配的な学校と、一人の人間もきりすてない学校とでは、そこで生活する人々の道徳のありかたにも異なった影響がでてくる。子どもに道徳を説くことではなくて、生活と仕事の場における道徳のあり方にどう関わるのか。そのことをおとなは問われている。

（2）「道徳の事実についての学習」（提言７　みんなでカリキュラムの創造を！）

　第2は「道徳の事実についての学習」という領域。歴史と社会のなかで人々はどのように道徳を形成してきたか、社会現象としての倫理や道徳について認識を深める。たとえば、「子どものことは子どもが決めるべき」という道徳が世界史のなかでどうつくられてきたか（北原白秋の詩作「子どもの村は子どもでつくろ」、「子どもの権利条約」など）。「人はその寿命をまっとうするべき」という道徳が世界史のなかでどうつくられてきたか（「山びこ学校」、憲法第９条など）。事実について認識を深めるとりくみには意味がある。こうした学習は、社会科をはじめとする教科学習や人権を主題とする総合学習でおこなうべきだが、後述するように道徳科でも一部はおこなうことができる。

（3）「分断読み」と「中断読み」（提言２から　みんなに同じことを求めない）

　では、道徳科の時間についてはどうするべきか。応急対処策も必要となる。その１つは、「内面化」「表層的・形式的受容」「不信と痛苦」について、それらの弊害を回避あるいは軽減することだ。

　1909年生まれの数学者遠山啓の回想が示唆に富む。「もちろん、戦前は天皇制を批判するなどということはできなかった。できなかったけれども、それはそれなりに先生たちはいろいろな形で批判していたということが今になってわかる。天皇のことを教科書どおり教える。…揚げ足をとられないようないい方はするが、おしまいにニヤッと笑ったりする。…先生がニヤッと笑ったから、どうもあれは嘘らしいなと考えたわけである。教師の仕事には、まさに俳優の仕事と似たような、いくらでも質を変えられる余地が残っている」。

　戦後生まれの教員たちも、価値観の画一化につながる道徳教育に疑問を感じて、新たな授業法を編み出してきた。教材を少しずつ区切って読み、その都度に意見を出し合う「分断読み」と、教材を最後まで読まず途中で切って意見を言い合う「中断読み」だ。授業を重ねた教員の意見。「分断読みは途中ではさまざまな意見が出るが、結末を読めば教材の価値観に沿った意見になりがち。中断読みは多様な意見が出て、その多様さを認め合うことができるのでベターな方法」。ただし評価については「よりよい方向性が見えてこない。子どもの内面を評価することの問題は考え続けなくてはならない」。

（4）数単元だけ「道徳の事実についての学習」（提言９より 地域教材と人権教育の視点を活かす）

　もう１つは、数単元にかぎって「道徳の事実についての学習」をおこなうことだ。道徳科の制度設計は国定規準による道徳の形成にあるが、その授業内において「道徳の事実についての認識

の形成」をおこなうことを排除してはいない。内容項目のなかにある「差別」や「勤労」などの言葉に対応させて、道徳にかかわる事実について認識を深めるための授業をつくる。実際問題として「考え、議論する教育」は、道徳の形成を目的としたときにはその意義が未確認であるが、自然・社会・人間について認識を深めるときには有効な方法になる。ただし、全ての内容項目について「道徳の事実についての学習」をおこなうべきではない。内容項目には、事実と学問に裏打ちされた系統性が欠落しているからだ。

(5) 評価を拡大させない　（提言9より　道徳の評価の問題性をふまえる）

　松野博一文科相は、入試には「客観性、公平性」が必要なので「他者と比較できない個人内評価である道徳科の評価を入試の調査書に記載することはできないと考えます」と国会答弁をしている（衆2016・11・21）。2つの問題がある。1つは、道徳科の評価には「客観性、公平性」が担保されないことを実質的に認めていること。長妻昭議員は「客観性、公平性、こういうものがないものについて評価をするという」道徳科の評価に疑問を呈している。もう1つは、文科省の「考え」は指導にとどまるため、都道府県教委の強い判断があれば「指導要録・書式決定」→「入試の調査書・書式決定」のラインにより、道徳科の評価が入試の調査書に記載される余地を残していること。今後、都道府県教委が記載をおこなわないようにする必要がある。

　なお、各学校における道徳の評価に関しては、新学習指導要領への準拠が求められているのは指導要録だけである。通知表の作成権限は学校にあることを再認識することも急務である。

(6) 教育課程の構造についての議論　（提言7　みんなでカリキュラムの創造を！）

　いま教育課程の構造が十分な議論なしに変更されつつある。2015年の学教法施行規則の改正によって「教科」「道徳科」「外国語活動」「総合的な学習の時間」「特別活動」からなる5領域（中学校は4領域）の構造が規定されたからだ。第1次安倍政権下で改正された学校教育法の第30条2項は「主体的に学習に取り組む態度を養うこと」を求めているが、必要なのは「態度」ではなく、主体的な学習を可能にする教育課程の構造を明らかにすることだ。

　日教組は1970年に教育制度検討委員会（会長　梅根悟）を設置し、1974年の最終報告『日本の教育改革を求めて』において「教科」「総合学習」「自治的諸活動」からなる3領域の構造を提起。教育改革推進委員会（座長　海老原治善）による1984年の報告においても3領域の提起を続けてきた。

　いかなる教育課程の構造が、子どもの必要にもとづいており、「無意図的な道徳教育」と「道徳の事実についての学習」についても豊かにすすめることができるのか。あらためて議論を重ね、提起をおこなうことが求められている。

MEMO

総合的な学習の時間 新学習指導要領の ポイント

「総合的な学習の時間」から「総合学習」の原点に戻す！「総合学習」を俯瞰する

　戦後、日本の教育は国の教育制度づくりの歴史であった。しかしそれは戦後民主主義教育の始まりでもある。そこでは子どもを教え込みの対象としない「子どもを中心にすえた授業」が数多く生まれた。「総合学習」もその一つである。2020年4月から始まる学習指導要領は、5領域10教科で国家の意向がますます強化される。「総合的な学習の時間」はこの改訂でどうなるのか。「総合学習」はなぜおもしろいのか、それはこの「総合学習」新設の1998年まで遡り、あらためてこの学習の経緯を振り返ってみたい。

(1) 限りなく国の意向が強まり変質する「総合的な学習の時間」

　今次の改訂で「総合的な学習の時間」はどう変わったか。一見して前回と大きな変化はなく見える。しかし、今次の改訂をより明確にするため過去3回の改訂を比較すると「総合的な学習の時間」は大きく変質したことがわかる。分岐点は前回の2008年の改訂（囲みで後述）である。この改訂で、当初、各学校が編成できた自由な「時間」から国の目標・内容に合わせることになった。これは、「総合学習」の変質に深くかかわる問題であった。

(2) 授業時数　総合学習はなくなるのか！？　子どもを中心に据えた「総合学習」を！

　2002年の新設「総合的な学習の時間」は3年から6年生まで週3時間程度の実施だが、2008年の改訂では週2時間に削減され、新たに「外国語活動の授業（領域)」が高学年に週1時間新設された。さらに「総合的な学習の時間」の受難は続き、2017年には小学校では外国語が教科新設され、文部科学省は前倒しの英語教育の移行措置案を公表した。「総合的な学習の時間」の一部を削り「英語振り替え特例」を設け、3・4年の外国語活動を年15コマ、5・6年は現行の年35から50コマを確保するよう求めた（2017・05・26毎日新聞）。今や「総合的な学習の時間」は、新設の原点が変節し、教育現場に説得力がなく時間だけが削減された。国が「基準づくり」を定めた理由はこうであった。

　「専ら特定の知識・技能の習得の教育、運動会の準備と混同された実践、学校間・学校段階間の取組の実態に差がある状況を改善する必要」があると矮小化する分析をし、「基礎的・基本的な知識・技能の習得や活用を前提に、ねらいの明確化」（学習指導要領解説2008年6月）が求められるとした。これは総合学習の原点にかかわる問題であった。「総合的な学習の時間」はまさに満身創痍の状態であった。

（3）今次（2017年）の学習指導要領の主な内容

　今次の「総合的な学習の時間」は一見変更はなく見えるが、「ICT教育」を全面的に推し進める情報教育の加速化で、文科省は「教育の手段であるICT教育」を目的化するような勢いである。学習指導要領の「内容の取扱い」では次の事項に配慮するとなっている。

- ・探究的な学習の過程では、コンピュータや情報通信ネットワークなどを適切かつ効果的に活用して、情報を収集・整理・発信などの学習活動工夫すること。その際、コンピュータで文字を入力の基本的操作を習得し、情報や情報手段を主体的に活用できること（第5章第2）。
- ・プログラミングを体験し、論理的思考力を身に付ける学習活動の場合、プログラミング体験が、探究的な学習に位置付くこと（第1章総則の第3の1の（3）のイ）。

　では私たちはどう対処するのか、学校教育とは、教育の目的とは何か、「総合学習」の根本的な考察があらためて必要とされている。

新学習指導要領の 問題点・・・・・・・・・・・・・・・・・・・・・・・・・・・・

限りなく進行する国家主導の学習指導要領

　1947年文部省刊行「学習指導要領一般編（試論）」による「小学校の教科課程と時間数」で戦前の文部省令の授業時数の国定が撤廃された。しかし、文部省の省令により「授業時数国定」が復活する。1958年8月「学校教育法 施行規則」が改正され、「小学校の各教科及び道徳の授業時数は、国が定める授業時数を下ってはならない」と定められた。この「学習指導要領体制」が現在も教育現場に深刻な影響を与えている。では学習指導要領および今次改訂では何が問題になるのだろうか。

（1）10年毎の改訂「学習指導要領体制」は正しいことなのか

　教育制度や教育行政が授業をつくるのではない。はじめに子どもがいて、教員とともに築く授業が制度を変えていくのである。「総合的な学習の時間」にはまさにこのことが重要である。子どもを中心に据える授業とは、すこぶる対話型の授業で、そこには一人ひとり多様な子どもたちがいる、考えや発想もその時の授業の展開により異なる、だから同じ授業は二度とできない。授業は一度だけのライブなのである。そこでは「地域の事情、子どもの発意」を重要なものとして私たちは考えてきた。

　しかし「総合的な学習の時間」は変質する。この学習はすべて問題解決学習と思い込まれ、年間計画や評価計画が強要された。そこには国家や、時には教員の思惑や価値観が反映されるものになった。すべての社会現実は必ずしも明らかな解決が見いだせないものであり、未来に対する答は必ずしも一つではない。これが私たちの原点である。子どもと教員が授業をつくる、こう考えると国家が10年間の積み重なった矛盾や教育のゆがみ・方法を正し、教育現場に押し付ける

「学習指導要領体制」は果たして教育の在り方として正しいのだろうか。しかも今次の学習指導要領は、国の指導が異常なまでに肥大化しているのである。

(2) 子ども中心主義とは

　1976年5月、日教組の「教育課程改革試案」（会長・梅根悟）がある。政府の1998年の「総合学習」の提案に先立つ1972年にすでに総合学習を教育課程に位置づける試みがあった。そこでは「総合学習は個別的な教科の学習での知識や技能を活用する、また問題の解明と解決のためには、今後個別的な教科での学習や教科外の活動でなにを深く学ぶのかを自覚させる機会」とし、「諸教科を総合して、生活課題を学習する」と学習方法も位置づけた。

　日々の教室の「小さな授業が教育を変える」原動力になる。そうした中で、授業では教員が授業でめざしたねらいと、子どもが学び行きついた地平、この両者が異なることはよくあるのである。この「学びの揺らぎ」はよくあることを意識すべきである。だからこそ国が、あるいは教員が教え込み、価値注入をしてはならない。まさに授業は子どもと教員が築く学びの共同体である。

　「総合的な学習の時間」には日教組の教研集会でいきいきとした教育実践がある。私たち日教組が推し進めてきた「総合学習」の伝統があり、とりわけ「生活・総合」の分科会では、年ごとに豊かで、創造的な授業づくりが数多くある。こう考えたときに、この教育実践運動を遮るように文科省から出された「基礎的・基本的な」視点の評価基準づくり（2002年）は、現場のいきいきとした教育実践を大いに抑え込んでしまった。結局、文科省の「基礎・基本」の学習指導要領の根幹は5年持たなかった。今回もまた「資質・能力」から「見方・考え方」を押し付けている。この考えも教育現場には定着せず、5年持たないであろう。私たちは常に国家によって振り回されてきた。さらに今回は教育の要である「学力」が法律（学校教育法三〇条二項）で定められた。学力はその人の生きた時代により変化していくものであり、国家が法律で決めることは歴史に対する反動でしかない。

カリキュラム *提言* をいかすために

総合学習とは

(1) 日教組の「教育課程改革試案」（1976年5月）は語る

　これほど国の「総合学習」が変質してきたとき、日教組の教育制度検討委員会は「諸教科を総合して、生活課題を学習する」とし、教研活動における「総合学習」には教科の枠を超えて、人権、平和、環境など多彩な分科会ができた。「生活・総合」の分科会では教育実践を模索してきた。

(2)「総合学習」からの提起　総合学習の地平・問題解決から問題鼎立へむけて

　文科省の「総合的な学習の時間」は問題解決学習であり、そのために年間計画や評価計画を作

ることを考える。今次の改訂も評価問題が大きく取り上げられている。そこには国や、ともすると教員の思惑や価値観が反映する。しかし遠山啓も述べているように、すべての社会現実は必ずしも明らかな解決が見いだし得ない、また未来に対する答は必ずしも一つではない。学ぶうちに次々と課題が見えてくることもある。そして答えが出ないことを子どもがわかる、これが問題鼎立の学習である。これが総合学習の持つもう一つの提起である。

そして何よりも恐ろしく、教育の現場を荒廃させるのは学力テストである。全国で実施されている学力テストが日本の教育課程をむしばんでいる。教育が学力向上のテストのために変質させられているのである。また恐ろしいのはそれだけでない、このテストの実施によって教員も保護者もあるいは子どもも学力をテストというもので固定化したイメージを作っているのである。

総合学習とはそのようなことに対する対案であり、文科省が白紙の指導要領「総合学習」をなくし国家のもとでの「総合的な学習の時間」に閉じ込めようとする所以である。真実が覆い隠されようとしている現代、今こそ「総合学習」のもつエネルギーを受け止め、私たち教員はさらなるチャレンジをしていきたい。

(3) 価値の注入の危惧　道徳と総合学習

今次、道徳が教科化される。道徳と総合学習とはどんな学習か、新たにこの二つの学習の検討が迫られている。国家が愛国という価値を学校教育で注入できるものか、道徳という価値観にかかわることで、戦前の皇国史観に基づいていたかつての「修身」とどう異なるのかという素朴な疑問である。

実はそのことと「総合学習」も無関係ではない。私たちは「総合学習」を通して「観の形成」に立ち入ってきたからである。「価値あるもの」は「いいもの」として注入教育がなされてきて、それが結果として子どもの「ものの見方や考え方」の自由な形成を妨げているのではないかという問いである。「総合学習」もこの問題から逃れることはできないのであろうか。遠山は、「子どもたちが自分自身の『観』をつくりだすことを保障すること」が教育の最大の任務であると考えていた。

また、その際、「観」は自己形成されるべきだと考えていた（遠山啓『競争原理を超えて—ひとりひとりをいかす教育—』太郎次郎社、1976年）。しかし、遠山は、当時の道徳教育が「観」の注入教育として展開されている状況に対抗する必要性から総合学習の設定を提起していたのである。

日教組の当時、教育制度検討委員会に参加した遠山は「総合学習は、正解主義的な教育から脱却し子どもたちの現実に向かい合う学びを生み出し、教師間の共同研究だけでなく、教師と生徒の共同探究による授業へと転換する可能性をもっている」と考え、子どもたちは、各教科で得た分析的な知識をみずからの力で総合し、自分自身の人生観・世界観などの「観」をつくりだすと述べた。これはまさしく私たちの地平「総合的な学習の時間」から「総合学習」という原点に戻すことであり、子どもを中心に据えた学びの継承である。

「総合的な学習の時間」と「総合学習」とは

「総合的な学習の時間」とは

戦後の学習指導要領の大転換が「総合的な学習の時間」（1998年3月）である。この学習は国が「教育の目標も内容」も定めない学習である。いわば「白紙の学習指導要領」で、各学校の自主的な編成で決めることができ、小・中学校は2002年、高校は2003年に実施された。高校では今回「総合的な探究の時間」や「探究の時間」などと変容した。この学習時間に対し、今次の改訂で「総合的な学習の時間」は国家の意向が強まり、「総合学習」本来の形が歪められた。この状況はなぜ生じたか、それは、新設当時の時代状況があった。

1）「新設」時から仕組まれた「総合的な学習の時間」

国は公教育課程になぜ「総合的な学習の時間」を新設したか。当時の日本の教育には深刻な現実があった。登校拒否・不登校の子どもが増加し、1980年には年間50日以上の不登校（小・中）が1万7,000人で、18年後の1998年には10万人を超えた。「学校はいいものだ」「学校は行かなければならない」という学校神話が崩れた、この事態に文部省はいったい何をしていたのか。

＊「不登校は、特定の子どもに特有の問題があるのではなく、どの子どもにも起こりうる」（2003年文科省通知）と公式に述べた。2010年の不登校の子どものうち「意図的な拒否」の子どもは「ホームスクーリング」に通うとみれば、その数は5,391人にのぼった。

2）「総合的な学習の時間」新設後の文科省

学校現場が荒れ、学校離れが進行し、文科省不要論さえ出た。その中で「総合的な学習の時間」は誕生したともいえる。しかしその後揺れもどしがあった。新設の前後、2人の文科大臣が疑義を挟んだ。備忘録として2つの事を記憶にとどめておきたい。

その1　遠山敦子文科相の「学びのすすめ」（2002年1月26日）

「学習指導要領」が始まる直前の2002年1月、遠山文科相は学力低下を意識して、「学びのすすめ」を発表し補習・宿題奨励を勧め、「確かな学力」向上の施策を強調した。

その2　中山成彬文科相が「総合の時間」削減の見直し発言（2005年1月20日）

主要教科の時間増を図るため、中山文科相が「総合的な学習の時間」の見直しを示唆。「学力低下」論や国際学力調査の結果の判断であり、総合的な学習が導入されたわずか3年目の事であった。

「2008年の学習指導要領」とは

2008年の学習指導要領を前回の2002年と比較する。2002年の「総合的な学習の時間」の新設は教育現場に依拠し、画期的であった。国の指導を極力抑えた内容の記述は「総則」の「第3総合的な学習の時間の取扱い」における6項目の簡潔記述であった。2008年の改訂で「総合的な学習の時間」に大きな揺れ戻しが始まった。

「総合的な学習の時間」は新たに章立て（第5章「第1目標」「第2各学校の目標及び内容」「第3指導計画作成と内容取扱い」）にされ、国の意向が決定的になった。この改訂では前回の「総合的な学習の時間のねらい」を、新たに「国の示す基準として目標を定めた」とし、国の設置意図を明確にした。「国の目標を踏まえ」、具体的な目標や内容は各学校で定めるとし、学習指導要領「総合的な学習の時間」は、国の指導に基づく「目標、内容」づくりの枠をはめられた。

MEMO

総合的な学習の時間

特別活動　新学習指導要領の ポイント

（1）目標において、育成する内容として具体的な3項目の提示

　育成する「資質・能力」として、「人間関係形成」、「社会参画」、「自己実現」という具体的視点の3項目が追加された。

（2）各活動・学校行事の目標及び内容としてそれぞれの分野ごとに、資質・能力を育成することをめざすことと連動し、具体的活動内容の追加

　「学級活動」でも、資質・能力を育成することをめざすこと。内容でも前文に資質・能力を育成することを強調し、共通項目の具体的項目に対して、それぞれ具体的事例、内容が示された。

（3）「学級活動」の内容として「一人一人のキャリア形成と自己実現」の強調

　小学校の「学級活動」の内容として新設「一人一人のキャリア形成と自己実現」が示され、内容は3項目となり、内容としては現行の「日常の生活や学習への適応及び健康安全」に含まれていた項目が「キャリア形成と自己実現」としてまとめられ、具体的内容が追加として示された。中学校では現行「(3) 学業と進路」の5項目が、「(3) 一人一人のキャリア形成と自己実現」とされて整理され3項目となっているが、内容的には今までと変更はない。

（4）小学校の「クラブ活動」と中学校の「生徒会活動」分野を除く分野で、「内容」の次に「内容の取扱い」の新設

　「学級活動」の小学校では、「指導に当たっては、各学年段階で特に次の事項に配慮すること」が追加され、学年ごと、内容をより詳細に、具体的な内容となっている。中学校では、2の「(1) 学級や学校における生活づくりへの参画」の「指導に当たっては、集団としての意見をまとめる話し合い活動など小学校からの積み重ねや経験を生かし、それらを発展させることができるよう工夫すること」と、実践活動の小学校からの積み重ねや発展が強調され、連続的な活動を展開することが強調されている。「(3) 一人一人のキャリア形成と自己実現」では、学校、家庭及び地域における学習や生活の見通しを立て、将来の生き方を考えたりする活動が示されている。

　小学校の「児童会活動」小中学校の「学校行事」で、新設「内容の取扱い」がある。「児童会活動」では、「計画や運営は、主として高学年の児童が行うこと」と「全児童が主体的に活動に参加する」ことが示されている。「学校行事」では、現行「第3　指導計画の作成と内容の取扱い」より移行したものである。

（5）指導計画の作成と内容の取扱いの新設で、具体的な実践での配慮点提示

　指導計画の作成と内容の取扱いでの新設では、「特別活動の各活動及び学校行事を見通して、

その中で育む資質・能力の育成に向けて、児童の主体的・対話的で深い学びの実現を図るようにすること」が追加され、具体的な実践での配慮点が示されている。

（6）指導計画の作成に当たっては、次の事項に配慮するものとして、（4）（5）を新設し、（6）の内容の取扱いにも新設として人間関係の形成の具体的方策の提示

小学校では、新設「（4）低学年においては、第1章総則の第2の4の（1）を踏まえ、他教科等との関連を積極的に図り、指導の効果を高めるようにするとともに、幼稚園教育要領等に示す幼児期の終わりまでに育ってほしい姿との関連を考慮すること。特に、小学校入学当初においては、生活科を中心とした関連的な指導や、弾力的な時間割の設定を行うなどの工夫」が示されている。

小学校新設「（5）障害のある児童などについては、学習活動を行う場合に生じる困難さに応じた指導内容や指導方法の工夫を計画的、組織的に行うこと」と指導方法をあげている。中学校でも同様に新設となっている。（6）の内容の取扱いについては、次の事項に配慮するものの新設として（3）がある。新設「（3）学校生活への適応や人間関係の形成などについては、主に集団の場面で必要な指導や援助を行うガイダンスと、個々の児童の多様な実態を踏まえ、一人一人が抱える課題に個別に対応した指導を行うカウンセリング（教育相談を含む）の双方の趣旨を踏まえて指導を行うこと」とガイダンス、カウンセリングの強化をしている。中学校でも同様の新設となっている。

新学習指導要領の 問題点・・・・・・・・・・・・・・・・・・・・・・・・・・・

（1）育成すべき資質・能力の視点―学習論に収斂される危険性

「『なすことによって学ぶ』ということが重視され、各学校で特色ある取組が進められている一方で、各活動において身に付けるべき資質・能力は何なのか、どのような学習過程を経ることにより資質・能力の向上につながるのかということが必ずしも意識されないまま指導が行われてきた実態も見られる」と活動の一側面をとらえ、活動内容により、何を獲得するのかを強く意識しているため、特別活動を学習論としてとらえようとしている。

（2）学習指導要領における内容の示し方の視点―自治的活動の後退と指導の強化

「これまで、各活動の内容や指導のプロセスについて構造的な整理が必ずしもなされておらず、各活動等の関係性や意義、役割の整理が十分でないまま実践が行われてきたという実態も見られる。特に中学校・高等学校の学級活動・ホームルーム活動の内容項目が多いことが、学級・ホームルームの課題を自分たちで見出して解決に向けて話合う活動が深まらない要因の一つとなっていると考えられる」というように、内容項目が多いこと、話し合いが深まらないなどの客観的事実の指摘がなされ、特別活動を教科と同様に、内容、指導の構造化を強調することにより、自治活動から、矮小化された活動へと後退し、指導の強化になることが危惧される。

（3）複雑で変化の激しい社会の中で求められる能力を育成するという視点－学習論から自治の場の実現をめざして

「社会参画の意識の低さが課題となる中で、自治的能力を育むことがこれまで以上に求められている。また、キャリア教育を学校教育全体で進めていく中で特別活動が果たす役割への期待も大きい。このほか、防災を含む安全教育、体験活動など、社会の変化や要請も視野に入れ、各教科等の学習と関連付けながら、特別活動において育成すべき資質・能力を示す必要がある」というように、社会参画、自治的能力をはぐくむこと、キャリア教育、安全教育、体験活動など、社会の変化や要請も視野に入れた活動が強調されているが、ここでも、学習論として収斂させている点が危惧される。

（4）子どもの権利条約を基盤とした学校づくりの実践活動としての特別活動をめざして

特別活動の特質、活動の展開など、学習論として展開していくことを中心にしており、子どもの「主体性」や「主権者」「自治的」という用語を用いて、一見、子ども主体の活動を述べているようであるが、他教科との連携を深めること、または活動の「プロセス」重視という表現を通して、特別活動の実践性を学習論に置き換えるため、教員の「指導」を強調し、矮小化された活動の展開になる可能性がある。領域としての特別活動から教科としての特別活動になっていき、子どもの権利条約を基盤とした学校づくりの実践の展開が難しくなる。

カリキュラム *提言* をいかすために

（1）子どもの生活の場である学校は、子どもの意見が反映された学校づくりを（提言1、3、5）

子どもは主権者である。特別活動には、学級活動、児童会・生徒会活動、学校行事、学校運営、クラブ活動などがある。それらは、子どもたちの意見をふまえたものになっているのか。「子どもの権利保障」が根ざされた学校や学級になっているのかを考慮する必要がある。

権利を保障された子どもたちは、他の人の権利を尊重することを体験的に学ぶ。誰もが尊重され、認められる学校、学級づくりをすすめる。特別活動は、単なる体験的学習ではなく、学校は、子どもたちの生活の場であり、居場所であるため、生活主体者である子どもとともに創っていくものである。

（2）子どもの「今ある姿」から、ゆたかな学びの創造を　（提言2、3、5、8）

「あるべき姿」ではなく、「今ある姿」から一人ひとりにあった学びや生活をすすめる。子どもたちのつぶやく声が、ゆたかな学びにつながる。学ぶことが楽しく、生活や社会との結びつきを感じられることが重要である。自らを表現し、語りあえる人間関係や環境づくりをすすめ、安心、安全の生活を保障する。

だれでもが安心し、快適に生活できるインクルーシブな学校。他民族・多言語。多文化での社会を反映した共生社会の学校を創造し、だれもが「お互いを理解しあう」学びの共同体をつくっていく。

（3）社会を読みとり、社会をよりよく変えていく学びとマルチステージ化された社会を切り開く力を　（提言4、8）

社会の課題を発見し、解決しながら、自己実現をはかっていくことが問われている現代社会では、社会への適応を求める教育では、対応できずに、その社会の課題の被害者になりかねない。社会をよりよく変えていく学びが今、問われている。

キャリア教育の本格的なとりくみが求められているが、現在ある職場や仕事はどんどん変化し、消滅していく仕事もある。職場体験や就業体験はそれなりに意味をもつが、一方で、変化する社会に対応するため自己管理能力や課題対応能力がより重要となっている。人生のライフステージも今までの3ステージ（教育、仕事、引退）からマルチステージ社会（個別の人生において、教育、仕事、生活、自由などを選び、画一的な人生ステージから、個別な人生ステージが展開される）での生き方を切り開く力を育てる。

（4）学びの場であり、生活の場である学級、学校を協働しながら主体者としてつくり出していく自治力と主権者としての力量を育てる　（提言6）

学級や学校は、学びの場であると同時に生活の場である。社会とつながった、生活の場である学級や学校づくりの主体者である。自治の力は、子どもの権利条約がいかされた場で育っていく。生活の場をつくっていく主体者として生活できることをめざし、形式的な活動の学習ではなく、生活そのものの中で意思決定し、つくり出していくことである。そのためにも、小学校、中学校、高校と特別活動の活動が連携し発展していくことをすすめていく。18歳の選挙権は、高校では生徒は主権者であり、社会形成の主体者であることをふまえる。

（5）みんなでカリキュラムの創造と、現場での教育研究活動の充実、協力・協働の職場づくりを（提言7、11、12、13）

子どもの主体的な生活づくりとなる学校生活では、子どもたちとともに活動内容をつくり、カリキュラムをつくりあげていく。教職員集団との協働のもとでカリキュラムの創造をすすめる。そのためにも、現場での教育研究活動の充実は欠かせない。新学習指導要領では、多様な主体的・自治的活動を学習論に収斂していく危険性がある。子ども主体の実践や主権者としての力量を育てる実践をすすめるためには、カリキュラムの創造と大胆な「カリキュラム・マネジメント」が必要である。子ども主体の教育実践を展開するためには、丁寧な対応と教職員の実践への十分なとりくみが必要である。これを実現するためには、超勤・多忙の解消を実現しなければならない。

特別支援学校　新学習指導要領の **ポイント**

〈幼稚部・小学部・中学部学習指導要領〉

（1）各教科の内容が細かくなり、ボリュームも増えた。

　小学部においては、小学校教育の目標、中学部においては、中学校教育の目標に加えて、小学部及び中学部を通じ、子どもたちの障害による学習上又は生活上の困難を改善・克服し自立をはかるために必要な知識・技能・態度及び習慣を養うことという、小・中学校に「準ずる教育」と「障害の克服改善」という二重の目標は変わっていない。したがって、小学校・中学校の教育内容の増加に応じて、特別支援学校の教育内容も増えることになっている。

（2）学部段階間及び学校段階等間の接続が盛り込まれた。

　教育課程の編成にあたっては、「学部段階間及び学校段階等間の接続を図るものとする」とされ、幼児期からの接続を含めて、いわゆる学校間の接続が強調されている。各学部間の接続だけでなく、特に普通学校と特別支援学校との接続が提示されているが、小・中学校から特別支援学校への一方通行の接続となっている。このことにより、普通学校の各教科との連続性を担保するという建前の下、教育内容の網羅的な提示となっている。

　また、通級指導教室や特別支援学級での教育内容に関しては、これまで「特別支援学校の援助または助言を活用しつつ」（現中学校学習指導要領）であったが、教育課程上の参照基準として特別支援学校の学習指導要領があることが明確になった。特に通級による指導の参照対象が「自立活動」であることから、通級指導では「自立活動」のみがおこなわれるという理解がなされるようになる。

（3）特別支援学校においても小・中学校で提示された今次改訂の共通の方向性に基づき改訂されている。

　①「社会に開かれた教育課程」の考え方、②各教科における資質・能力、③「主体的・対話的で深い学び」、④カリキュラム・マネジメント等、小・中学校と同じ方向での改訂となっている。そのための教育課程の編成や指導計画の作成が強調されている。

（4）知的障害のある子どものための各教科、自立活動、重複障害者等に対する教育課程について重点が置かれている。

　特に中学部では現行では1段階で説明されていたが、第2段階が新設された。教科としての「学び」を通した「資質・能力の育成」をより系統的にする目的であろう。また、中学校との接続を考慮したものと思われる。

（5）教科並びに自立活動等の各領域について横断または合科的な指導による資質・能力の育成が中心となっている。

　横断または合科的な指導は、カリキュラム・マネジメントが必要となる。そこでは教育活動の

質の向上を目的とし、「児童又は生徒に何が身に付いたかという学習の成果」を把握し「個別の指導計画」の実施状況の評価と改善を、教育課程の評価と改善につなげていくよう工夫することになる。

（6）自立活動の指導の改善・充実をはかることが求められている。

教科等の指導のベースとなる個別の指導計画の作成の際に、子どもたちの実態把握がより強調され、さらに評価により精緻に行うことが求められている。自立活動の指導の成果が進学先等でも生かされるように、個別の教育支援計画等を活用して関連機関と連携することとされた。進学先や関連諸機関ということで、事実上カルテのようなものとして活用することとなった。

（7）外国語活動は「活動」として残された。

一部において、各教科として実施する可能性も残した。

（8）幼稚部では、聴覚部門と視覚部門では早期発見・早期相談の視点が強化された。

現在の特別支援教育では「早期発見・早期相談」の傾向が全般的に強化されているが、「幼児の障害の状態や特性及び発達の程度等に応じた適切な指導を行うため」として「早期発見・早期相談」をとりわけ、「視覚」「聴覚」の分野で強調している。

新学習指導要領の 問題点 ・・・・・・・・・・・・・・・・・・・・・

（1）中教審答申（審議のまとめ）ではあった「インクルーシブ教育システムの構築を目指す特別支援教育の構築」に関する事項が全くない。

文科省は、現状の特別支援教育がインクルーシブ教育であると主張するが、それは「特別な場」を複数設けた「分けた場」の教育である。これをどのように「分けない場」の教育であるインクルーシブ教育につなげていくのかに関してまったく述べられていない。したがって、例えば「通級による指導」についても、特別支援学校もその通級先の一つであるにもかかわらず内容に関する記述がない。さらには、おそらく「インクルーシブ教育」と「特別支援教育」を橋渡しする要となるであろう「交流・共同学習」についても、深い言及がない。

（2）合理的配慮に関する言及がない。

施設設備だけでなく、障害のある子どもたちへの教育方法や評価のあり方を含めた変更調整が「合理的配慮」であるが、こうした点からどのように特別支援学校を変革するのかという視点が全くない。特別支援学校の存在そのものが、「合理的配慮」であるとし、学校を設置し就学させた時点で、完了しているという考え方から抜け出せていない。

（3）発達障害と特別支援教育の関連がない。

中教審答申（審議のまとめ）では意欲的に述べられていた「発達障害」に関する記述が見当たらない。事実上、現状の特別支援学校や特別支援学級に在籍しているとされているにもかかわらず、その教育内容への言及がないということは、今回もその具体的な対応が見送られている。こ

のことは、在籍するにもかかわらず、「発達障害」への位置づけや教育的な見通しのないまま特別支援学校における教育が続くことになる。

（4）学校間の接続が一方通行的である。

　学校間の移動をはかる上で、教育内容に整合性をもたせようとして、小・中学校の教育内容をほとんど取り込んでいる。現在の「準ずる教育」を堅持する方向である。しかし、概ね、新学習指導要領では、幼稚園・小・中学校から特別支援学校の小学部・中学部への接続のみが想定され、逆方向での接続が考えられていない。つまり、普通学校から特別支援学校へ転入する際の整合性ばかりが強調され、現状の学校段階がすすむ（学年進行）につれて、特別支援学校の子どもたちが増加する傾向を追認・肯定している。

　特に、新幼稚園教育要領では、障害のある子どもへの「個別の教育支援計画」と「個別の指導計画」の作成・活用が努力義務とされ、幼稚園から特別支援学校幼稚部への移行（逆の移行は実態的に考えられない）が円滑に行われるようにとされている。また「指導計画」という言葉は、いわゆる幼稚園での「指導計画」（日案、週案、月間指導計画）との混同を来すおそれがある。

（5）交流・共同学習の枠組みが依然として狭い。

　新学習指導要領では、教育課程の作成段階において、小学校や中学校の子どもたちと、さらには地域の人々との交流及び共同学習を計画的・組織的に行うとされているが、教育内容では、総合的な学習の時間と特別活動の領域でしか登場してこない。これはイベント的な交流・共同学習だけが想定されており、各教科を含めた全面的な交流・共同学習をうながすものとなっていない。

（6）個別の指導計画と個別の教育支援の二重性が解消されていない。

　個別の教育支援計画は「家庭及び地域並びに医療、福祉、保健、労働等の業務を行う関係機関との連携を図り、長期的な視点で児童又は生徒への教育的支援を行うために」作成されているが、学校での指導をまとめた「個別の指導計画」の中にも反映されるものであり、一体的な支援につなげるためにも統合が望まれる。あわせて「特別支援教育コーディネーター」の役割が記述されていない。

（7）資質・能力の育成に傾斜しすぎている。

　2006年に「改正」された教育基本法においても教育の目的は「人格の完成」である。あまりにも個人の資質・能力に傾斜した教育内容は、教育基本法に反する。幼稚園・小・中学校の今回の改訂内容にみられる「資質・能力の育成」（小・中）、「幼児期の終わりまでに育ってほしい姿」（幼）をそのまま、特別支援学校へスライドさせている。それらがそのまま、各課程の修了時に子どもたちに求められるのであれば、事実上、特別支援学校では、これらに「障害の特性を踏まえた教育」を上積みした形になる。

（8）ことさらに「障害」の問題を強調している。

　例えば、幼稚部での「特に留意する事項」として、「海外から帰国した幼児や生活に必要な日本語の習得に困難のある幼児の実態に応じて指導内容や指導方法の工夫」を行うとされている。しかし、海外帰国子女との関連で、日本語の問題なのか障害なのか、幼児教育では判別しにくく、

これによる二次障害を引き起こす可能性も考えられる。過度に「障害」を強調する傾向にある。

カリキュラム*提言*をいかすために

　日教組が考えるインクルーシブ教育の実現のためには、提言のすべてが重要であるが、提言1〜3、提言5〜9、提言12〜13が大切である。とりわけ、提言3は直接関連する。

　提言1＝子どもの意見を聞くということは、国連障害者権利条約制定時における「Nothing about Us, without Us」というスローガンに共通する。当事者の希望を最大限にかなえる姿勢の大切さが示されている。

　提言2＝子どもたちの集団の中で育つものを見つけて、その「良さ」を伸ばしていく。学力（資質・能力）だけでなく、集団の中での気づき（例えば、クラスや世の中にはいろいろな人がいる）について考え、行動しようとする姿を見逃さないようにする。

　提言5・8＝「多文化共生」という理念だけでなく、障害や性格、その子のもつ特性（例えば、苦しんでいても笑ってふざけてしまう。いつも怒ったようにしか話すことができない。優しくされると困ったように見える、など）をお互いに理解し、尊重するという観点は大切である。そのため評価は外形的に標準的な子ども像を前提としたものになりがちであるが、多様な子どもの存在をふまえ、子どもの様子を通した自分の教育実践の評価と見るべきである。

　提言3・6・7＝インクルーシブ教育により、障害のある子も同じ教室に存在することになる。「共に学ぶ」ためには、カリキュラムや教育方法を思い切って変え、学校のあり方を大きく変える必要がある。そのためには、それを支える地域の人たちに協力という参加を求めることになる。

　提言12・13＝現状の特別支援教育をインクルーシブ教育にすすめていくためには、学校間の連携や学校内での連携が重要である。例えば、特別支援学級担任と交流学級担任の連携が必要なことはもとより、それをとりまく管理職を含めた教職員の連携が必要である。そこでは、子どものことを話し合うという連絡や引き継ぎだけでなく、お互いの子ども観教育観も含めた交流が必要である。そこは「風通しのよい職員室」となる。教職員がつながれない学校では子どもどうしもつながれないのである。

コラム　夜間特別支援学校

　いわゆる「不登校児童生徒」対策として、「義務教育の段階における普通教育に相当する教育の機会の確保等に関する法律」（教育機会確保法）が成立した。不登校を経て、フリースクール等への通学者を別扱いで認知するところに賛否があるところだが、この法律によって、夜間中学校の設置がうながされることになる。学齢期を超過したが義務教育をきちんと受けていない人を対象として開設されている学校である。新中学校学習指導要領にはこれが明記された。これにあわせて特別支援学校学習指導要領でも「夜間に行われる特別の課程」の設置が明記され、設置可能となった。この場合、直接的に「学齢を経過した者」の対象となるのが、1979年の「養護学校義務化」以前の「就学猶予・免除者」である。この数はピーク時の1963年の単年度だけで、総数23,930、免除者10,059、猶予者13,871（人）である。特に養護学校（当時）の整備が遅れ、事実上学校教育から排除されていた「知的障害者」が多いと思われる。教育を受ける権利が奪われてきた現在50代のこれらの人たちが、「夜間特別支援学校」の設置を求めてきたとき、はたして、教育行政はどう対応するのであろうか。

幼稚園教育　新幼稚園教育要領の **ポイント**

（1）幼稚園等におけるカリキュラム・マネジメント

　幼稚園等において、園長のリーダーシップにより全教職員参加の下で、どのような教育課程を編成し、実施・評価し改善していくのかというカリキュラム・マネジメントが求められている。しかし今日では、質の点における差は否めないが、カリキュラム・マネジメントをまったく行っていない園はないであろう。そうであるとすれば注目すべき変更点は、PDCAサイクルのどの時点においても、「幼児期の終わりまでに育ってほしい姿」を念頭においたカリキュラム・マネジメントを行わなければならなくなったことである。

（2）幼児教育においてはぐくみたい資質・能力と幼児期にふさわしい評価の在り方

　幼児期において、「見方・考え方」を働かせることが学びの中心として重要になる。幼児教育における見方・考え方というのは、「幼児が身近な環境に主体的に関わり、環境との関わり方や意味に気付き、これらを取り込もうとして、試行錯誤したり、考えたりするようになること」であり、小学校以降の各教科等の見方・考え方の基礎となるものである。そして、このような見方・考え方を働かせた学びを通して、「幼児期から始まって小・中・高と伸びていく中心的な子どもの力の在り方」である「資質・能力」がはぐくまれていくという。

　また、幼児期では「知識・技能」、「思考力・判断力・表現力」、「学びに向かう力・人間性等」の３つの柱の基礎を培う必要があるとされる。そのため、これら３つの柱をふまえ、「５歳児後半に特に伸びていく５領域の内容を10に整理したもの」として、先述した「幼児期の終わりまでに育ってほしい姿」（ア．健康な心と体、イ．自立心、ウ．協同性、エ．道徳性・規範意識の芽生え、オ．社会生活との関わり、カ．思考力の芽生え、キ．自然との関わり・生命尊重、ク．数量や図形、標識や文字などへの関心・感覚、ケ．言葉による伝え合い、コ．豊かな感性と表現）が示された。

　しかし従来から、質の点における差は否めないが、幼児教育では新教育要領で示されたような見方・考え方を働かせた学びが大切にされてきた。では注目すべき変更点は何か。それは、はぐくまれなければならない資質・能力というものが、個人として、わかること・できることを増やし、それらを活用して、よりよい生活を営むために必要な力として示されたことである。また「幼児期の終わりまでに育ってほしい姿」が、評価の視点として用いられるようになったこと、それを小学校教員が指導上参考にできるように、共有化をはからなければならなくなったことである。

（3）現代的な諸課題をふまえた教育内容の見直し

　近年の子どもの育ちをめぐる環境の変化をふまえ、見直しが必要な教育内容として４点示された。①安全についての理解を深めるようにすること、②体の諸部位を使った様々な体験を重視すること、③自己制御や自尊心などの非認知的能力の育成に関すること、④様々な文化や伝統に触れたり異なった文化に触れたりすること等である。注目すべき変更点は、見直しが必要とされる教育内容によって求められている子ども像である。

（4）「主体的・対話的で深い学び」の実現

　遊びは、「幼児教育における重要な学習」であるため、「主体的な学び」、「対話的な学び」、「深い学び」という3つの学びの視点をふまえて絶えず指導の改善をはかっていく必要があるとされた。しかし、質の点における差は否めないが、遊びにおける期待感、継続性、他者とのかかわり、試行錯誤などは、幼児教育では従来から大切にされてきたことである。では注目すべき変更点は何か。遊びが豊かになれば、結果として、子どもに主体的・対話的で深い学びがもたらされると考えられてきたことに対して、遊びは「重要な学習」となり、「絶えず指導の改善を図っていく必要がある」というように、従来の遊びの本質に関する議論が損なわれかねないような位置づけになったことである。

新幼稚園教育要領の 問題点・・・・・・・・・・・・・・・・・・・・・・

（1）自己責任で生きる子どもを育てる保育

　新教育要領で重視されているものの1つが、小学校と教育内容の接続をはかるために示された「幼児期の終わりまでに育ってほしい姿」の10の要素である。各要素の名称だけを見れば、特に問題があるというわけではない。しかし先述した注目すべき変更点は、それぞれがつながりをもつものであるから、10の要素は、個人として、わかること・できることを増やし、それらを活用して、よりよい生活を営むための力を示したものであると考えられる。

　たとえば「健康な心と体」は、「自分のやりたいことに向かって」働く心や体であるという。かつて部落解放保育でとりくまれてきたような、他者とつながるために働くしなやかな心と体ではない。「自立心」は、「しなければならないことを自覚し、自分の力で行うために」努力してやり遂げる心であるという。多くの人に依存することが自立であると言われるような、他者に助けを求めることができる心ではない。紙幅の関係ですべての要素について述べることはできないが、これら2つの力をとりあげただけでも、他者とつながり、他者を尊重し、他者とともに生きる子どもを育てようとしているのではなく、個人で力をつけて自己責任でこの社会を生き抜く子どもを育てようとしていることがわかる。

（2）「到達目標」で子どもが評価される保育

　新教育要領では、「ねらい」の意味が変更された。ねらいと内容の関係は**表1**のようになっているため、ねらいが変更されたことにより内容の意味も変更されたことになる。旧教育要領のねらいは「育つことが期待される」ものである。おとなは子どもに生きる力の基礎が育つことを期

表1　ねらいと内容の新旧比較

	新教育要領	旧教育要領
ねらい	幼稚園教育において育みたい資質・能力を幼児の生活する姿から捉えたもの	幼稚園修了までに育つことが期待される生きる力の基礎となる心情、意欲、態度
内容	ねらいを達成するために指導する事柄	ねらいを達成するために指導する事項

待しているが、あくまでも期待であり、それにどの程度応えるのかは子どもの側に委ねられている。そのため指導は、育つ側の個々の子どもの状況に合わせて行われることになる。その意味においてねらいは「方向目標」であった。

　一方、新教育要領のねらいは「育みたい」ものである。おとなが子どもに身につけさせたいと考える資質・能力があらかじめ決められている。そのため、それらを身につけさせることを目的とした指導が一律に行われることになる。その意味においてねらいは「達成目標」になった。みなが同じ結果にならなくても良しとされ、育つ子どもの側に主導権が委ねられていた方向目標が、理想とされる結果がすでに決められており、育てるおとなの側に主導権が委ねられる達成目標に変更されたことは大きな問題である。

　さらに「幼児期の終わりまでに育ってほしい姿」が評価の視点に加えられた。「他の幼児との比較や一定の基準に対する達成度についての評定」にならないようにと述べられているが、達成目標が掲げられている中で、そのようなことが可能なのであろうか。小学校学習指導要領総則には、「幼児期の終わりまでに育ってほしい姿を踏まえた指導を工夫」して教育活動を実施するようにと記されている。小学校教員が、育ってほしい姿にまで育っていることを当然とみなして指導を始めることになりはしないか。その姿に到達していない子どもがいれば、子どもや幼稚園の教職員、保護者の努力不足と判断されるのではないか。多くのことが懸念される。

（2）自国中心主義の従順な国民を育てる保育

　現代的な諸課題をふまえた教育内容の見直しの１つに、様々な文化や伝統に触れたり異なった文化に触れたりすることがあげられている。すでに1989年の改訂で、領域「環境」の中に「幼稚園内外の行事において国旗に親しむ」と記されるようになり、伝統という名のもとに「国旗」が登場した。さらに新教育要領では、領域「環境」の内容の取り扱いの中に「文化や伝統に親しむ際には、正月や節句など我が国の伝統的な行事、国歌、唱歌、わらべうたや我が国の伝統的な遊び」に親しむと記されるようになり、伝統という名の下に今度は「国歌」が登場した。

　また、伝統に触れる教材として唱歌があげられている。そもそも唱歌には、衛生唱歌、日本唱歌、工業唱歌等の種類があり、それは、音楽というより国民に常識を身につけさせるための節がついた政府コマーシャルのようなものであったと言われている。小学校学習指導要領の音楽では、小１の歌唱教材に文部省唱歌「うみ」、「かたつむり」、「日のまる」が共通教材として記されている。幼児が伝統に親しむ姿として、国旗の前に立ち、直立不動の姿勢で国歌や「日のまる」を歌うことが期待されているのであろうか。

　さらに遡って2016年夏、中央教育審議会教育課程部会幼児教育部会から発表された「幼児教育部会における審議の取りまとめ」資料では、「幼児期の終わりまでに育ってほしい姿」の１つである「社会生活との関わり」の中で、「国旗が掲揚される様々な行事への参加や、運動会などの行事において自分で国旗を作ったりして日常生活の中で国旗に親しみを感じる」というように、現場で行うべきことを具体的に示した小項目もあげられていた。

　「我が国の伝統」という名のもとに、国民をひとつにまとめるためのシンボルとしての国旗や国歌が持ち出された意図は何であろうか。これまで義務教育現場に国旗や国歌を定着さるために行われてきたこと、またこの間の義務教育内容の変化を勘案すれば、幼児期から自国中心主義の従順な子どもを育てることを意図した改訂であると言わざるを得ない。幼児期の子どもの育ちにそぐわない指導であり、子どもの内心の自由にかかわる大きな問題である。

カリキュラム *提言* をいかすために

（1）人権を大切にする心を育てる保育（提言1、3）

　今次改訂では、幼稚園教育要領、保育所保育指針、幼保連携型認定こども園教育・保育要領の教育部分について、可能な限りの統一がはかられた。その結果、保育所保育指針にもこれまでにはなかった「国旗」や「国歌」に関する記述が新たに登場した。このように三者の統一をめざすのであれば、すでに保育所保育指針に盛り込まれている子どもの人権に関する記述が、新教育要領にも登場するのではないかと期待されるところである。2016年の児童福祉法改定では、その理念に子どもの権利条約の精神が盛り込まれたのであるからなおさらである。しかし残念ながら今次改訂においても、教育要領では子どもの人権に関する記述は行われなかった。

　一方的におとなから「幼児期の終わりまでに育ってほしい姿」がおしつけられ、内心の自由が侵害されるような歌唱指導を受けるかもしれない子どもの側からすれば、新教育要領は子どもの権利条約に逆行するかのような動きである。しかし、たとえそこに記述されていなくても、人権を大切にする心を育てる保育にとりくみたい。何ができ、何ができていないかで子どもを評価し、おとなが主導して子どもに力をつけさせる保育を行ってはならない。一人ひとりの子どもの思いを受けとめ、その思いに心を寄せ、一緒に悩んだり考えたり、一緒に喜んだり悲しんだり、時には一緒にあきらめたりしながら、子どもとともに暮らしを紡ぎ出す保育を行う必要がある。人権を大切にする心を育てる保育は、障害や医療的ケアの有無、国籍や性の違い、家庭の経済状況の違い等で子どもを分けることなく、様々な状況にある子どもがともに育ち合う保育であることを前提条件とするのは言うまでもないことである。

（2）子どもや保護者と教職員がともに育ち合う保育（提言6）

　2006年に改訂された教育基本法では、「父母その他の保護者は、子の教育について第一義的責任を有する」と保護者の自己責任が強調された。教育要領の今次改訂作業を行った幼児教育部会の主査からも、「家庭でやってもらうべきもの、逆に、家庭・地域に助けてもらうべきものは何かということを考えていく。それがマネジメントです」と子どもの教育における保護者の自己責任に関する発言がなされている。しかし、子どもの貧困問題が、子どもが暮らす貧困家庭の問題であることからも明らかなように、昨今、子どもが暮らす家庭の格差が顕著になっており、子どもの教育の第一義的責任を担う者を保護者とし、「家庭でやってもらうべきもの」を分担するような考え方では、子どもの不利が温存・強化されることになる。あるいはまた、保護者としての責任を全うしようと頑張る保護者を追い詰めることにもなりかねないであろう。

　したがって教職員は、子どもの教育を保護者の自己責任とするのではなく、保護者の思いを受けとめ、その思いに心を寄せ、一緒に悩んだり考えたり、一緒に喜んだり悲しんだり、時には一緒にあきらめたりしながら、子どもや保護者とともに育ち合える保育を行いたいものである。

　2016年度中の児童相談所での児童虐待相談対応件数は、122,578件であった。保護者を虐待の加害者にせず、子どもを虐待の被害者にしないためにも、この保護者と子どもにとってどのような支援が必要なのかと相手をチェックするようなまなざしではなく、この保護者と子どもにとって自分がなすべきことは何かと考え、ともに歩む保育が求められている。

資　　料

○学習指導要領改訂の方向性‥‥‥‥‥‥‥‥‥‥‥‥‥‥‥‥‥‥‥‥‥‥‥‥‥‥‥‥‥89

文部科学省　2016年12月21日

幼稚園、小学校、中学校、高等学校及び特別支援学校の学習指導要領等の改善及び必要な方策等について（答申（案））補足資料

http://www.mext.go.jp/component/b_menu/shingi/toushin/__icsFiles/afieldfile/2017/01/20/1380902_4_1_1.pdf

○幼稚園教育要領、小・中学校学習指導要領等の改訂のポイント‥‥‥‥‥‥‥‥‥‥‥‥90

文部科学省　2017年3月31日

http://www.mext.go.jp/a_menu/shotou/new-cs/__icsFiles/afieldfile/2017/06/16/1384662_2.pdf

○特別支援学校学習指導要領等の改訂のポイント‥‥‥‥‥‥‥‥‥‥‥‥‥‥‥‥‥‥‥93

文部科学省　2017年4月28日

http://search.e-gov.go.jp/servlet/PcmFileDownload?seqNo=0000156288

○「特別の教科　道徳」の指導方法・評価等について（報告）【概要】‥‥‥‥‥‥‥‥‥94

2016年7月22日　道徳教育に係る評価等の在り方に関する専門家会議

http://www.mext.go.jp/component/b_menu/shingi/toushin/__icsFiles/afieldfile/2016/08/08/1375482_1.pdf

学習指導要領改訂の方向性

新しい時代に必要となる資質・能力の育成と、学習評価の充実

学びを人生や社会に生かそうとする
学びに向かう力・人間性等の涵養

生きて働く**知識・技能**の習得

未知の状況にも対応できる
思考力・判断力・表現力等の育成

何ができるようになるか

よりよい学校教育を通じてよりよい社会を創るという目標を共有し、社会と連携・協働しながら、未来の創り手となるために必要な資質・能力を育む**「社会に開かれた教育課程」**の実現

各学校における**「カリキュラム・マネジメント」**の実現

何を学ぶか

新しい時代に必要となる資質・能力を踏まえた教科・科目等の新設や目標・内容の見直し

小学校の外国語教育の教科化、高校の新科目「公共」の新設など各教科等で育む資質・能力を明確化し、目標や内容を構造的に示す学習内容の削減は行わない※

※高校教育については、些末な事実的知識の暗記が大学入学者選抜で問われることが課題になっており、そうした点を克服するため、重要用語の整理等を含めた高大接続改革等を進める。

どのように学ぶか

主体的・対話的で深い学び（「アクティブ・ラーニング」）の視点からの学習過程の改善

生きて働く知識・技能の習得など、新しい時代に求められる資質・能力を育成

知識の量を削減せず、質の高い理解を図るための学習過程の質的改善

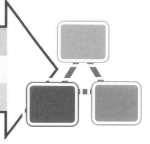

主体的な学び
深い学び
対話的な学び

幼稚園教育要領、小・中学校学習指導要領等の改訂のポイント

1. 今回の改訂の基本的な考え方

○ 教育基本法、学校教育法などを踏まえ、これまでの我が国の学校教育の実践や蓄積を活かし、子供たちが未来社会を切り拓くための資質・能力を一層確実に育成。その際、子供たちに求められる資質・能力とは何かを社会と共有し、連携する「社会に開かれた教育課程」を重視。

○ 知識及び技能の習得と思考力、判断力、表現力等の育成のバランスを重視する現行学習指導要領の枠組みや教育内容を維持した上で、知識の理解の質をさらに高め、確かな学力を育成。

○ 先行する特別教科化など道徳教育の充実や体験活動の重視、体育・健康に関する指導の充実により、豊かな心や健やかな体を育成。

2. 知識の理解の質を高め資質・能力を育む「主体的・対話的で深い学び」

「何ができるようになるか」を明確化

知・徳・体にわたる「生きる力」を子供たちに育むため、「何のために学ぶのか」という学習の意義を共有しながら、授業の創意工夫や教科書等の教材の改善を引き出していけるよう、全ての教科等を、①知識及び技能、②思考力、判断力、表現力等、③学びに向かう力、人間性等の三つの柱で再整理。

(例)中学校理科：①生物の体のつくりと働き、生命の連続性などについて理解させるととも
（生命領域）　に、②観察、実験など科学的に探究する活動を通して、生物の多様性に気付くとともに規則性を見いだしたり表現したりする力を養い、③科学的に探究しようとする態度や生命を尊重し、自然環境の保全に寄与する態度を養う。

我が国の教育実践の蓄積に基づく授業改善

我が国のこれまでの教育実践の蓄積に基づく授業改善の活性化により、子供たちの知識の理解の質の向上を図り、これからの時代に求められる資質・能力を育んでいくことが重要。

小・中学校においては、これまでと全く異なる指導方法を導入しなければならないと浮足立つ必要はなく、これまでの教育実践の蓄積を若手教員にもしっかり引き継ぎつつ、授業を工夫・改善する必要。

語彙を表現に生かす、社会について資料に基づき考える、日常生活の文脈で数学を活用する、観察・実験を通じて科学的に根拠をもって思考する　　　など

※ 学校における喫緊の課題に対応するため、義務標準法＊の改正による16年ぶりの計画的な定数改善を図るとともに、教員の授業準備時間の確保など新学習指導要領の円滑な実施に向けた指導体制の充実や、運動部活動ガイドラインの策定による業務改善などを一層推進。
　　＊義務標準法：公立義務教育諸学校の学級編制及び教職員定数の標準に関する法律

※ 既に行われている優れた教育実践の教材、指導案などを集約・共有化し、各種研修や授業研究、授業準備での活用のために提供するなどの支援の充実。

3. 各学校におけるカリキュラム・マネジメントの確立

○ 教科等の目標や内容を見渡し、特に学習の基盤となる資質・能力（言語能力、情報活用能力、問題発見・解決能力等）や現代的な諸課題に対応して求められる資質・能力の育成のためには、教科等横断的な学習を充実する必要。また、「主体的・対話的で深い学び」の充実には単元など数コマ程度の授業のまとまりの中で、習得・活用・探究のバランスを工夫することが重要。

○ そのため、学校全体として、教育内容や時間の適切な配分、必要な人的・物的体制の確保、実施状況に基づく改善などを通して、教育課程に基づく教育活動の質を向上させ、学習の効果の最大化を図るカリキュラム・マネジメントを確立。

4. 教育内容の主な改善事項

言語能力の確実な育成

・発達の段階に応じた、語彙の確実な習得、意見と根拠、具体と抽象を押さえて考えるなど情報を正確に理解し適切に表現する力の育成（小中：国語）

・学習の基盤としての各教科等における言語活動（実験レポートの作成、立場や根拠を明確にして議論することなど）の充実（小中：総則、各教科等）

理数教育の充実

・前回改訂において2〜3割程度授業時数を増加し充実させた内容を今回も維持した上で、日常生活等から問題を見いだす活動（小：算数、中：数学）や見通しをもった観察・実験（小中：理科）などの充実によりさらに学習の質を向上

・必要なデータを収集・分析し、その傾向を踏まえて課題を解決するための統計教育の充実（小：算数、中：数学）、自然災害に関する内容の充実（小中：理科）

伝統や文化に関する教育の充実

・正月、わらべうたや伝統的な遊びなど我が国や地域社会における様々な文化や伝統に親しむこと（幼稚園）

・古典など我が国の言語文化（小中：国語）、県内の主な文化財や年中行事の理解（小：社会）、我が国や郷土の音楽、和楽器（小中：音楽）、武道（中：保健体育）、和食や和服（小：家庭、中：技術・家庭）などの指導の充実

道徳教育の充実

・先行する道徳の特別教科化（小：平成30年4月、中：平成31年4月）による、道徳的価値を自分事として理解し、多面的・多角的に深く考えたり、議論したりする道徳教育の充実

体験活動の充実

・生命の有限性や自然の大切さ、挑戦や他者との協働の重要性を実感するための体験活動の充実（小中：総則）、自然の中での集団宿泊体験活動や職場体験の重視（小中：特別活動等）

外国語教育の充実

・小学校において、中学年で「外国語活動」を、高学年で「外国語科」を導入
　※小学校の外国語教育の充実に当たっては、新教材の整備、養成・採用・研修の一体的な改善、専科指導の充実、外部人材の活用などの条件整備を行い支援

・小・中・高等学校一貫した学びを重視し、外国語能力の向上を図る目標を設定するとともに、国語教育との連携を図り日本語の特徴や言語の豊かさに気付く指導の充実

その他の重要事項

○幼稚園教育要領

・「幼児期の終わりまでに育ってほしい姿」の明確化
（「健康な心と体」「自立心」「協同性」「道徳性・規範意識の芽生え」「社会生活との関わり」「思考力の芽生え」「自然との関わり・生命尊重」「数量や図形、標識や文字などへの関心・感覚」「言葉による伝え合い」「豊かな感性と表現」）

○初等中等教育の一貫した学びの充実

・小学校入学当初における生活科を中心とした「スタートカリキュラム」の充実（小：総則、各教科等）

・幼小、小中、中高といった学校段階間の円滑な接続や教科等横断的な学習の重視（小中：総則、各教科等）

○主権者教育、消費者教育、防災・安全教育などの充実

・市区町村による公共施設の整備や租税の役割の理解（小：社会）、国民としての政治への関わり方について自分の考えをまとめる（小：社会）、民主政治の推進と公正な世論の形成や国民の政治参加との関連についての考察（中：社会）、主体的な学級活動、児童会・生徒会活動（小中：特別活動）

・少子高齢社会における社会保障の意義、仕事と生活の調和と労働保護立法、情報化による産業等の構造的な変化、起業、国連における持続可能な開発のための取組（中：社会）

・売買契約の基礎（小：家庭）、計画的な金銭管理や消費者被害への対応（中：技術・家庭）

・都道府県や自衛隊等国の機関による災害対応（小：社会）、自然災害に関する内容（小中：理科）

・オリンピック・パラリンピックの開催を手掛かりにした戦後の我が国の展開についての理解（小：社会）、オリンピック・パラリンピックに関連したフェアなプレイを大切にするなどスポーツの意義の理解（小：体育、中：保健体育）、障害者理解・心のバリアフリーのための交流（小中：総則、道徳、特別活動）

・海洋に囲まれ多数の島からなる我が国の国土に関する指導の充実（小中：社会）

○情報活用能力（プログラミング教育を含む）

・コンピュータ等を活用した学習活動の充実（各教科等）

・コンピュータでの文字入力等の習得、プログラミング的思考の育成（小：総則、各教科等（算数、理科、総合的な学習の時間など））

○部活動

・教育課程外の学校教育活動として教育課程との関連の留意、社会教育関係団体等との連携による持続可能な運営体制（中：総則）

○子供たちの発達の支援（障害に応じた指導、日本語の能力等に応じた指導、不登校等）

・学級経営や生徒指導、キャリア教育の充実について、小学校段階から明記。（小中：総則、特別活動）

・特別支援学級や通級による指導における個別の指導計画等の全員作成、各教科等における学習上の困難に応じた指導の工夫（小中：総則、各教科等）

・日本語の習得に困難のある児童生徒や不登校の児童生徒への教育課程（小中：総則）、夜間その他の特別の時間に授業を行う課程について規定（中：総則）

特別支援学校学習指導要領等の改訂のポイント

1. 今回の改訂の基本的な考え方

【幼稚部教育要領、小学部・中学部学習指導要領】
- 社会に開かれた教育課程の実現、育成を目指す資質・能力、主体的・対話的で深い学びの視点を踏まえた指導改善、各学校におけるカリキュラム・マネジメントの確立など、初等中等教育全体の改善・充実の方向性を重視。
- 障害のある子供たちの学びの場の柔軟な選択を踏まえ、幼稚園、小・中・高等学校の教育課程との連続性を重視。
- 障害の重度・重複化、多様化への対応と卒業後の自立と社会参加に向けた充実。

2. 教育内容等の主な改善事項

学びの連続性を重視した対応

- 「重複障害者等に関する教育課程の取扱い※」について、子供たちの学びの連続性を確保する視点から、基本的な考え方を規定。
  - ※当該学年の各教科及び外国語活動の目標及び内容に関する事項の一部を取り扱わないことができることや、各教科及び道徳科の目標及び内容に関する事項を前各学年の目標及び内容に替えたりすることができるなどの規定。

- 知的障害者である子供のための各教科等の目標や内容について、育成を目指す資質・能力の三つの柱に基づき整理。その際、各部や各段階、幼稚園や小・中学校とのつながりに留意し、次の点を充実。
  - ・中学部に二つの段階を新設、小・中学部の各段階に目標を設定、段階ごとの内容を充実
  - ・小学部の教育課程に外国語活動を設けることができることを規定
  - ・知的障害の程度や学習状況等の個人差が大きいことを踏まえ、特に必要がある場合には、個別の指導計画に基づき、相当する学校段階までの小学校等の学習指導要領の各教科の目標及び内容を参考に指導ができるよう規定

一人一人に応じた指導の充実

- 視覚障害者、聴覚障害者、肢体不自由者及び病弱者である子供に対する教育を行う特別支援学校において、子供の障害の状態や特性等を十分考慮し、育成を目指す資質・能力を育むため、障害の特性等に応じた指導上の配慮を充実。
  - 【視覚障害】　空間や時間の概念形成の充実
  - 【聴覚障害】　音声、文字、手話、指文字等を活用した意思の相互伝達の充実
  - 【肢体不自由】体験的な活動を通した的確な言語概念等の形成
  - 【病弱】　　　間接体験、疑似体験等を取り入れた指導方法の工夫
- 発達障害を含む多様な障害に応じた指導を充実するため、自立活動の内容として、「障害の特性の理解と生活環境の調整に関すること」などを規定。

自立と社会参加に向けた教育の充実

- 卒業後の視点を大切にしたカリキュラム・マネジメントを計画的・組織的に行うことを規定。
- 幼稚部、小学部、中学部段階からのキャリア教育の充実を図ることを規定。
- 生涯学習への意欲を高めることや、生涯を通じてスポーツや文化芸術活動に親しみ、幸福で豊かな生活を営むことができるよう配慮することを規定。
- 障害のない子供との交流及び共同学習を充実（心のバリアフリーのための交流及び共同学習）
- 日常生活に必要な国語の特徴や使い方〔国語〕、数学を学習や生活で生かすこと〔算数、数学〕、身近な生活に関する制度〔社会〕、働くことの意義、消費生活と環境〔職業・家庭〕など、知的障害者である子供のための各教科の内容を充実。

資料

「特別の教科　道徳」の指導方法・評価等について（報告）【概要】
（平成28年7月22日　道徳教育に係る評価等の在り方に関する専門家会議）

≪道徳科の指導方法≫

○　単なる話し合いや読み物の登場人物の心情の読み取りに偏ることなく道徳科の質的転換を図るためには、学校や児童生徒の実態に応じて、問題解決的な学習など質の高い多様な指導方法を展開することが必要。

≪道徳科における評価の在り方≫

【道徳科における評価の基本的な考え方】

○　児童生徒の側から見れば、自らの成長を実感し、意欲の向上につなげていくものであり、教師の側からみれば、教師が目標や計画、指導方法の改善・充実に取り組むための資料。

○　道徳科の特質を踏まえれば、評価に当たって、
　・　数値による評価ではなく、記述式とすること、
　・　個々の内容項目ごとではなく、大くくりなまとまりを踏まえた評価とすること、
　・　他の児童生徒との比較による評価ではなく、児童生徒がいかに成長したかを積極的に受け止めて認め、励ます個人内評価（※）として行うこと、
　・　学習活動において児童生徒がより多面的・多角的な見方へと発展しているか、道徳的価値の理解を自分自身との関わりの中で深めているかといった点を重視すること、
　・　道徳科の学習活動における児童生徒の具体的な取組状況を一定のまとまりの中で見取ること
が求められる。

　　※個人内評価・・・児童生徒のよい点を褒めたり、さらなる改善が望まれる点を指摘したりするなど、児童生徒の発達の段階に応じ励ましていく評価

【道徳科の評価の方向性】

○　指導要録においては当面、一人一人の児童生徒の学習状況や道徳性に係る成長の様子について、発言や会話、作文・感想文やノートなどを通じて、
　・　他者の考え方や議論に触れ、自律的に思考する中で、一面的な見方から多面的・多角的な見方へと発展しているか
　　（自分と違う意見を理解しようとしている、複数の道徳的価値の対立する場面を多面的・多角的に考えようとしている等）

　・　多面的・多角的な思考の中で、道徳的価値の理解を自分自身との関わりの中で深めているか
　　（読み物教材の登場人物を自分に置き換えて具体的に理解しようとしている、道徳的価値を実現することの難しさを自分事として捉え考えようとしている等）

といった点に注目して見取り、特に顕著と認められる具体的な状況を記述する、といった改善を図ることが妥当。

○　評価に当たっては、児童生徒が一年間書きためた感想文をファイルしたり、1回1回の授業の中で全ての児童生徒について評価を意識して変容を見取るのは難しいため、年間35時間の授業という長い期間で見取ったりするなどの工夫が必要。

○　道徳科における学習状況や道徳性に係る成長の様子の把握は、「各教科の評定」や「出欠の記録」等とは基本的な性格が異なるものであることから、調査書に記載せず、入学者選抜の合否判定に活用することのないようにする必要。

≪発達障害等のある児童生徒への必要な配慮≫

○　児童生徒が抱える学習上の困難さの状況等を踏まえた指導及び評価上の配慮が必要。

≪条件整備≫

○ 国や教育委員会等において、多様な指導方法の確立や評価の工夫・改善のために必要な条件を例示。

日教組 カリキュラム提言

ゆたかな学び
の創造を

提言 1 　子どもの意見が反映された学校づくりを！

●子どものことは子どもに聞く。子どものことは子どもが一番よく知っています。子どもどうしの関係性や課題もお互いわかっています。おとながよかれと思ってやっていることが、必ずしも子どもが求めるものとは限りません。まず子どもの意見を聞きましょう。そして、子どもを教育の対象としてとらえるのではなく、教職員も含む複数形の一人称「わたしたち」として、ともに学び、育つ関係をつくりましょう。

●子どもは主権者です。教科学習、学級活動、児童会・生徒会活動、学校行事、学校運営などが、子どもたちの意見をふまえたものとなっているか点検しましょう。そして、子どもの権利が保障される学校について話しあいましょう。権利を保障された子どもたちは、他の人の権利を尊重することを体験的に学びます。誰もが尊重され、認められる学校づくりをすすめましょう。

●他の人が考えていることと、自分が考えていることは違っていて当たり前です。ある人は気づき、ある人は気づかないことも、よくあることです。ものの見方・考え方は一つでなく、様々です。「みんなと違う意見大歓迎！」といったクラスの雰囲気をつくりましょう。そして、様々な考え方を尊重しあい、それらを調整しながら、合意形成していく過程を大切にした学びの場をつくりましょう。

提言 2 　子どもの「今ある姿」から、ゆたかな学びの創造を！

●子どもの行動には必ず理由があります。「あるべき姿」ではなく「今ある姿」から一人ひとりにあった学びを組み立てていきましょう。それぞれにあった学びをすすめることは「学ぶ場」を分けることではありません。同じ場で互いを知り、支えあう関係性を大切にしていきましょう。

●子どもの感性や心情は柔らかく、様々にかたちをかえます。教育がある「型」にはまってしまうと、子どもたちは窮屈さを感じてきます。学力の数値化で、子どもたちみんなに同じことを求め、同じ力を身につけさせることを求める指導になっていませんか。数値化での学力や評価等は、ほんの一部分でしかありません。何もかも同じようにするとりくみではなく、子どもたちの抱えている悩みや葛藤の背景をつかみ、子どもたちの思いや願いに寄り添うとりくみをすすめていきましょう。

●「ねぇねぇ、ここ教えて」「そうか、わかった！」「なるほどね！」の子どもたちのつぶやく声が、ゆたかな学びにつながります。学ぶことが楽しく、生活や社会との結びつきを感じられることが重要です。自らを表現し、語りあえる人間関係や環境づくりをすすめていきましょう。

提言3 「合理的配慮」によって インクルーシブな学校に！

●子どもは一人ひとり悩みや困難を抱えているものです。表面上笑顔でいる子どもも人知れず悩みを抱えていることがあります。本人とよく話をして、コミュニケーションをとることで初めてその子どもの困難を知り、寄り添うことができるのです。学校が安心して過ごせるようなインクルーシブな居場所になるよう、「合理的配慮」を教職員全体で考えていくことが大切です。

●子どもたちがともに学ぶことは権利です。子どもの個性はそれぞれです。子どもたちを教室の枠の中（教職員の固定観念）に押し込めようとしていませんか？ その枠から外れる子どもを別の場所に無意識に追いやろうとしていませんか。子どもを学校・学級にあわせるのではなく、学校・学級がその子にあわせて変更・調整し、様々な個性の子どもたちが一緒に学べる場となるようみんなで考えましょう。

提言4 社会を読みとり、 社会をよりよく変えていく学びを！

●社会に課題があるにもかかわらず、ひたすら社会への適応を子どもたちに求め、社会に適応できないのは「個人の努力不足だ」と自己責任論で切り捨てる風潮があります。社会への適応を求めるのではなく、社会をよりよく変えていく学びをすすめていきましょう。

●貧困・格差の問題が深刻となっている中、子どもが現状を知るだけではなく、問題を解決する主体となっていく学びが必要です。そのためには、なぜそうした問題が起こっているのかを的確にとらえ、社会をきちんと読みとる学びをすすめていきましょう。

●キャリア教育では、職場体験学習や就業体験を通じて、職場の厳しさや企業の要請を知り、自己管理能力や課題対応能力などを高めていくことが求められています。しかし、現実の職場では労働者の権利が侵害されている実態があります。労働現場の実態を知り、労働環境をよりよく変え、人間らしく働ける職場をつくるための学びをすすめていきましょう。

提言5　お互いを理解するための学びを！

●日本社会は多民族・多言語・多文化となっています。共生社会のなかで、私たちが最も大切にしなければならないことは、「お互いを理解しあう」ということです。人権侵害を許さない社会を実現することが重要です。

まず様々な文化と楽しくゆたかな出会いができる機会をつくりましょう。そして、外国につながる人びとがなぜ日本で生活しているのか、何を望んでいるのか、歴史に学び、世界の様子や国の動きを知り、課題を意識した学びをすすめましょう。そのために当事者の声を聞くことも大切です。

●隣国間で対立する課題は世界中に数多くあります。今でも多くの地域で武力紛争が起こっています。宗教、民族、領土をはじめとするさまざまな課題を解決するためには、相互理解と合意形成のための調整が必要です。それぞれの主張を繰り返すだけではなく、これまでの歴史や外交の経緯、現状の分析、将来にむけた判断などが必要となります。さまざまな課題を冷静かつ分析的にとらえ、解決にむけて調整をする経験や学びの場をつくっていきましょう。

提言6　地域とむすぶ、子どもを中心としたカリキュラムを！

●多くの自治体が「教育再生」や「教育県（教育のまち）○○の復活」、「全国学力調査○位以内」などを教育の「特色」として掲げ、その実現にむけた教育施策を次々と打ち出しています。「特色」の多くは、「全国学力・学習状況調査」の結果をもとにした「学力向上」です。子ども不在の「特色」にふりまわされることなく、「子どもは地域で育つ」ことをふまえ、「子どもを中心とする学校づくり」「地域とつながる学校づくり」をすすめていきましょう。

●「学校の特色」は、子どもたちがつくるものです。「こんなことをやってみたい」「もっとこれをじっくり学びたい」「自由な時間にもっとこんな経験がしたい」「将来はこれを実現させたい」「自分の住む地域をこんなふうにしたい」などの子どもの気持ちや声を尊重していきましょう。

また、カリキュラム編成にあたっては、保護者や地域の声を聞くことも大切です。それぞれの立場からわかる子どもの様子や個性を聞いていきましょう。カリキュラムは、子どもの学びに応えるもの、子どもどうしの協働的な学びを実現する支えとなるものです。子どもたちの活動や学びの過程を大切にしたカリキュラムづくりをすすめていきましょう。

提言 7

みんなでカリキュラムの創造を！

●文科省がすすめる「カリキュラム・マネジメント」は、膨大にふくれあがった学習指導要領の中身を吟味することなく、カリキュラムを編成させようとするものです。このままでは、目標準拠評価主義にもとづくPDCA サイクルに翻弄され、教育は矮小化し、「学力テスト」体制のもとで子どもたちの居場所となるべき学校は差別・選別の場へと変質していきます。
　文科省は、今回の改訂でも「教育課程の編成主体は各学校にある」ことを示しています。教育課程の編成権は、私たちの手の中にあるのです。今こそ、「平和・人権・環境・共生」を基盤としたカリキュラムの創造をめざし、主体的な教育実践を積み重ねていきましょう。

●目の前の子どもと語りあい、その思いや考えを受け止めることから始めていきましょう。私たちには子どもや地域に寄り添ったすばらしい実践が数多くあります。そうした実践から真摯に学び、子どもたち一人ひとりが他者との関係性を紡ぎ、ともに生きあえるよう、学びの質を高めていきましょう。そして、学校運営の意思決定にすべての教職員が主体的に参加できるよう、民主的な職場環境をつくり、協力・協働でカリキュラムを創造していきましょう。

提言 8

一人ひとりを肯定し、尊重する評価を！

●文科省は、「主体的・対話的で深い学び」を行う目的をこれからの時代に求められる「資質・能力」を育むためとしています。この「資質・能力」を中心とする教育課程は、「何ができるようになったか」で子どもたちを選別することになる危険性があります。私たちには、長年にわたって教育研究活動で積み上げてきた多くの実践があります。そこでは、「何ができるようになったか」ではなく、子どもたちの学びの過程が重視されてきました。そして、それはこれからも重視されるべきです。

●そもそも一人の子どもの全てをとらえることは難しく、私たちはそのことを忘れてはいけません。「テスト」によって数値化されたものを重視しすぎると、一人ひとりの子どものゆたかな学びを実現できないことはおろか、現場での実践は「テスト」対策に偏り、歪んだものになる恐れがあります。また、「何ができるようになるか」という観点が先立つ学習では、必然的に「できない子ども」を生み出すという危険性を、私たちは自覚するべきです。

●インクルーシブでゆたかな学びを創造するためには、育成すべき「資質・能力」の前に、一人ひとりの子どもが肯定され、尊重される教育が大切です。目標準拠評価が強調されると、多様な子どもの姿が見落とされることになりかねません。その点で、目標準拠評価とともに、ゴール・フリー評価や個人内評価を重視する必要があるでしょう。また、評価の枠組や方法を子どもたちと一緒に考えて、子ども自身が主体的に自らを振り返り、次の見通しが持てるような評価のあり方も考えていきましょう。

提言 9 ちがいを認めあい、自尊感情をゆたかに育む「道徳」に！

●文科省は、規範意識の薄れがいじめや不登校を引き起こす要因であるとして、学校において規範意識を高める必要性を強調しています。しかし、私たちは子どもと接する中で、いじめや不登校が規範意識の薄れによるものではないことを実感しています。

●私たちがこれまで積み上げてきた地域教材を活用し、身近な社会的課題を通して、子どもの実態にあった教材づくりをしていきましょう。

●「道徳」では、さまざまな背景をもつ子どもたちが自分と異なる価値観に気づき、互いに認めあいながら、物事を批判的に考えたり判断したりすることが重要です。多様な意見を安心して発信できる場と集団の中で、子どもはこうあるべきだという既成の価値観にとらわれない「多面的・多角的に考える」授業づくりをすすめていきましょう。また、その際、私たちが常に重視してきた人権教育の視点を十分に取り入れていきましょう。

●評価を行うことは、心の内面までを評価することにつながりかねません。たとえ個人内評価だとしても子どもの「成長の様子」を意識しすぎると「できる・できない」といった尺度に引きずられ、目の前の子どもを肯定的に受け止めることが難しくなります。多様性を認め、自尊感情をゆたかに育みながら、子どもに寄り添っていきましょう。

提言 10 多文化共生をすすめる外国語教育を！

●小学校中学年への外国語活動、高学年への外国語科導入にともなう時数増は、子どもの負担をいたずらに増やすことにしかなりません。短時間学習や土曜日の活用、長期休業中の学習による時数確保は、学校に過度の負担を強いることは間違いありません。こうした問題点の認識を広く共有していくことも大切でしょう。

●現代日本では、グローバル化する世界の中で、すべての子どもに英語の能力が必要となるという論調で英語教育が推進されています。外国語教育は、英語に特化されるべきではありません。言語技能の習得にとどまらず、多文化共生につながる異文化理解をめざしていきましょう。また、外国につながる子どもたちの母語・母文化を保障していくことが必要でしょう。

●中学校・高等学校の英語教育では、英検・TOEFL・iBT® の資格取得など、子どもの実態に配慮しているとは思えない目標が定められています。私たちは、多様な子どもの実情に配慮することが責務であることを改めて主張していきましょう。

提言 11 超勤・多忙解消の実現にむけた 具体的調整を！

● 「子どものために」と何でも抱え込んでいませんか？ 教職員の仕事が常に飽和状態である学校は、よい環境であるとはいえません。「ゆとりある生活を送ること」の大切さを、教職員の姿から伝えていくことが必要です。具体的に仕事の削減をすすめ、子ども一人ひとりの個性や自由な考えを受け入れられるゆとりをつくりましょう。

● 日本の教職員の長時間勤務実態が、さまざまな調査結果から明らかになっています。超過勤務の要因として、部活動指導と各種調査報告等があげられています。一般的事務業務の削減は、各学校の努力だけでは思うようにすすみません。分会、支部、単組が、各教育行政による多忙化の原因を具体的に示し、削減を求めるとりくみが必要です。さらに、管理職に対し、教職員一人ひとりの超過勤務の実態を把握させることも重要です。

● 部活動が、子どもたちにとって過度な負担となっていませんか？ あなたの学校には、土・日、両日の活動によって、月曜日の授業で疲れた様子の生徒はいませんか？私たち教職員のワーク・ライフ・バランスの視点もふくめ、休養日を徹底し、部活動のあり方を見直しましょう。

提言 12 現場での教育研究活動の充実を！

● 子どもたちのゆたかな学びを実現するためには、日ごろから教育研究活動をすすめていくことが大切です。貧困や虐待等、厳しい現状におかれている子どもたちに寄り添い、声を聞くことは私たちの大切な役割です。職員室や廊下などで、ほんの少しの時間であっても、子どものことを話してみませんか？こうした子ども理解の場を重ねることで、子どもたちや学校の実態に沿った教育研究活動が充実していきます。

● 業務の見直し・精選を求め、本当に必要な子ども理解の時間を生み出すことで、現場からの教育研究活動につなげていきましょう。

提言 13　協力・協働の職場づくりを！

- 協力・協働の職場づくりは常に大切です。しかし、「チーム学校」の名のもとに、「管理的」「画一的」な学校経営がすすめられては本末転倒です。
様々な個性や意思がある子どもがいて、お互いを認めあう、そんなクラスがすてきですよね。教職員集団も同じです。様々な個性や意見を持つ教職員が、お互いを認めあい、刺激しあい、支えあって働くこと、それが協力・協働です。

- 職場で教職員がお互いに支えあって働けるようにするには、そのための環境づくり・人間関係づくりが必要です。あなたの職場では「明日、休みます」と言える環境ですか？「全国学力調査ばかりにエネルギーを使うのはおかしい」「これ以上、授業時間が増えるのはしんどい」と職場の仲間と、本音を言いあえる雰囲気や時間がありますか？ 周りの人とちょっと話をするだけで気持ちが楽になるものです。まずは、「ちょっと聞いて！」「話をしてもいい？」と言える雰囲気づくり、人間関係づくりから始めてみましょう。

日教組学習指導要領検討委員会

委員長	瀧本　司	（日教組書記次長）

研究者

新学習指導要領の検討にあたって	池田　賢市	（中央大学）
総則	澤田　稔	（上智大学）
国語	府川　源一郎	（日本体育大学）
社会	坂井　俊樹	（東京学芸大学名誉教授）
算数・数学	正田　良	（国士舘大学）
理科	盛口　満	（沖縄大学）
生活、総合的な学習の時間	善元　幸夫	（東京学芸大学）
音楽	関田　良	（頌栄短期大学）
図画工作・美術	井上　まさとし	（元熊本県立美術館）
技術	本多　満正	（愛知教育大学）
家庭	青木　香保里	（愛知教育大学）
保健、体育	長澤　光雄	（秋田大学名誉教授）
外国語	浅川　和也	（東海学園大学）
特別の教科 道徳	大森　直樹	（東京学芸大学）
特別活動	大平　滋	（立正大学）
特別支援学校	田口　康明	（鹿児島県立短期大学）
幼稚園教育	井上　寿美	（大阪大谷大学）
事務局長	小山　悟	（教育研究部長）
委員	西原　宣明	（教育文化局長）
	福澤　富美代	（教育改革部長）
	下坂　千代子	（インクルーシブ教育部長）
	左波　順好	（教育政策部長）
	朝野　雅子	（教育文化部長）
事務局	佐野　利男	（日教組教育文化局書記）
	青木　洋穂	（　　　〃　　　）
	渡辺　典子	（　　　〃　　　）
	鈴木　真紀子	（　　　〃　　　）

2017 年
検証 新学習指導要領―ゆたかな学びの創造にむけて―

発行日　2018 年 3 月 31 日
編　集　日教組学習指導要領検討委員会
発行所　㈱アドバンテージサーバー
　　　　〒 101-0003　東京都千代田区一ツ橋 2-6-2　日本教育会館
　　　　TEL：03-5210-9171　FAX：03-5210-9173
　　　　URL：http://www.adosava.co.jp
　　　　印刷・製本　モリモト印刷株式会社
　　　　ISBN 978-4-86446-051-4